Brunhild Hofmann

Finde dein inneres Gleichgewicht

© KOHA-Verlag GmbH Burgrain
Alle Rechte vorbehalten
1. Auflage: Juli 2010
Cover: Lisa Sprissler
Coverbild: »The Ram« von Jean Cocteau (1889-1963)
Bridgeman Art Library / www.bridgemanart.com
Lektorat: Birgit-Inga Weber
Gesamtherstellung: Karin Schnellbach
Druck: CPI Moravia Books
ISBN 978-3-86728-138-6

Brunhild Hofmann

Finde dein inneres Gleichgewicht

Die beglückende Verbindung von Gehirn und Herz

Frage: Gibt es im gesamten Universum eine Sache von Wert?
Maharaj: Ja, die Macht der Liebe.

SRI NISARGADATTA MAHARAJ, *ICH BIN* (1989)

Inhalt

Vorwort

Im inneren Gleichgewicht zu sein bedeutet, mit sich und der Schöpfung in Harmonie zu leben und die Welt mit wachem Kopf und offenem Herzen zu sehen. Das haben wahrscheinlich auch die Forscher getan, von denen ich hier berichten will. »Forscher entdecken die erste vegetarische Spinne.« So war es in einer deutschen Tageszeitung (*Darmstädter Echo*) am 13. Oktober 2009 zu lesen.

Alle 40 000 bekannten Spinnenarten leben räuberisch und fressen andere Kleintiere. Jetzt wurde im Dschungel von Mittelamerika Bagheera kiplingi entdeckt, benannt nach dem schwarzen Panther im *Dschungelbuch* und dessen Autor. Diese Spinnenart zeichnet sich durch weitere ungewöhnliche Verhaltensweisen aus: Die männlichen Tiere helfen bei der Pflege der Eier und der Jungtiere mit. Die Forscher gehen von der These aus, dass möglicherweise die untypische Pflanzenkost die soziale Entwicklung der Tiere beeinflusse.

Beim Lesen war mein erster Gedanke: Vegetarisches Essen für alle!

Aber, Spaß beseite, was zeigt diese Meldung?

Sie besagt, dass es Unerwartetes gibt. Sie stößt uns mit der Nase darauf, dass die Welt voller Wunder ist! Sie offenbart, dass es weit mehr Formen von Leben gibt, als wir glauben, und dafür müssen wir uns nicht in außerirdische Sphären begeben.

Die Welt, den anderen und uns mit den Augen eines staunenden Kindes sehen und uns erfreuen an dem, was wir entdecken – das macht unser Leben reich. Das Unerwartete anzunehmen, schenkt uns Wachstum, auch wenn es uns manchmal an den Rand der Verzweiflung bringt. Unser Leben zu lieben, anstatt unsere Erfahrungen in vorgegebene Grenzen zu pressen, bringt uns Freude und Licht.

Ich beziehe mich in diesem Buch auf wissenschaftliche Erkenntnisse. Im Rahmen meines Biologiestudiums erfuhr ich, dass der Beobachter das Ergebnis einer Beobachtung beeinflusst; das wurde vorsichtig schon in den 1980er-Jahren auch in der Biologie postuliert.

Heute zeigt die Quantentheorie die Wirklichkeit als ein Werden, das zu immer neuen Formen subjektiver Erfahrung führt. Mit anderen Worten: Unsere Augen haben sich weit geöffnet, das Blickfeld ist größer, wir gehen in Resonanz und unser Herz darf mitspielen.

Dieses Buch ist kein auf Fels gebautes Werk – es ist eher im Fließgleichgewicht entstanden, auf sich bewegendem Untergrund. Ich freue mich, dass es ins Leben kommen darf und dass sich das darin Gesagte weiterentwickeln wird. Es stellt sozusagen einen Zwischenstopp dar.
Weiterhin wurzelt es nicht nur in meinem Leben, sondern spiegelt auch die Erfahrungen von vielen Menschen wider, die ich bei ihrem Wachstum unterstützen durfte. Und damit bin ich wiederum gewachsen.

Eine Teilnehmerin eines meiner Seminare in der Schweiz schenkte mir folgende Weisheit: »Jeder kommt zu deiner Heilung.« Oft ergreift mich ein ehrfürchtiges Staunen und ich sage innerlich: »Danke!«, wenn ich das wieder einmal erfahren darf. Es erfüllt mich mit Dankbarkeit, zu erkennen, wie wir alle miteinander verwoben sind und gegenseitig zu unserem Wachsen und Gedeihen beitragen.

Die unbekannte Chance:
Das Tor zum Universum

Was du aussendest, kehrt zu dir zurück

Jedes Wort ist Schwingung; die Schwingung verbreitet sich und beeinflusst unsere Zellen, unsere Umwelt und das Universum.
Jedes Lächeln, das ich aussende, geboren aus einem Gefühl der Liebe, macht mich glücklich; es beglückt jenen, dem ich es schenke, und die, an die es weitergegeben wird.
Jedes Gefühl von Dankbarkeit, Liebe oder Achtung regt andere Menschen dazu an, sich genauso zu verhalten. Messbar erhöhen diese Gefühle die Schwingung im Magnetfeld unserer Erde.
Jede stärkende Überzeugung, die Ausdruck in meinem Leben findet, beeinflusst nicht nur mein Leben, sondern durch die gemeinsame Begegnung auch das Leben von Tausenden anderer Menschen.
Das bedeutet: Ich bin machtvoll, du bist machtvoll. Wir sind die Schöpfer unserer Wirklichkeit. Jeder Mensch zieht Liebe und Freude in sein Leben, wenn er sich dafür entscheidet.

Zehn Meter vor dem Laden, in dem ich üblicherweise einkaufe, saß eines Tages ein Bettler, an eine Hauswand gelehnt. Seine Mütze lag umgekehrt vor ihm, seine Haare waren verfilzt und seine Kleidung verdreckt. Er war jung, vielleicht zwischen 25 und 30 Jahre alt; gewaschen und gekämmt hätte er gut ausgesehen. All das prüfte ich mit einem kurzen Blick, während ich an ihm vorbeiging. Als er meinen Blick erwiderte, schlug ich die Augen nieder und beschleunigte meinen Schritt. Beim Verlassen des Ladens nach dem Einkauf hockte er immer noch da. Durch meinen Kopf schoss der Gedanke: *Warum muss dieser Typ betteln, warum arbeitet er nicht? Er sieht jung und kräftig aus!* Erbost und mit innerlich aufgestellten Borsten eilte ich an ihm vorbei.

Nach ein paar Schritten blieb ich wie vom Blitz getroffen stehen: Kann das sein, dass ich so reagiere, wenn ich ernst nehme, was ich sonst sage: Keine Verurteilungen, keine Schuldzuweisung, keine Wertung? Kann ich in das Leben dieses Menschen hineinblicken? Woher will ich wissen, wie es dazu gekommen ist, dass er hier sitzt? Welche Erfahrungen hat er in seinem Leben gemacht? Und was berührt er in mir?

Mit diesen Gedanken zog ich mein Portemonnaie aus der Tasche, entnahm ihm einen Euro und kehrte zu dem Mann zurück. Ich warf die Münze in seine zweckentfremdete Kopfbedeckung, unsere Blicke trafen sich erneut. Er bedankte sich mit einem Lächeln, das einen fehlenden Zahn entblößte und sein Gesicht schön machte. Beim Weggehen drehte ich mich noch einmal um, er schaute mir nach mit diesem Lächeln im Gesicht, eine Hand erhoben, und er rief mir etwas zu, das in meinen Ohren wie ein Segen klang.

Wärme breitete sich von meinem Herzen in meinem Körper aus; auf einmal war ich mit ihm verbunden, und ich lächelte auch. Das Gefühl trug mich.

Als ich ein paar Stunden später zu einem Vortrag nach Frankfurt fuhr, entschloss ich mich, mit dieser Geschichte den Abend zu beginnen – mit diesem Geschenk, das mir den Tag versüßte. Beim Nachdenken während der Autofahrt fiel es mir wie Schuppen von den Augen: *Was ist, wenn ich selbst die Obdachlose bin? Wenn ich innerlich abgerissen, ohne Hoffnung und mutlos an einer Wand lehne? Wenn mir, obwohl man es mir äußerlich vielleicht nicht ansieht, die Kraft fehlt, gut für mich zu sorgen und mein Licht leuchten zu lassen? Wenn mir die Zähne fehlen, um das Brot zu beißen? Wenn alles, was auf mich zukommt, eine Bürde ist anstatt ein Geschenk?*
Wenn Freunde sagen: »Dir geht es so gut, nimm das doch nicht so tragisch!«, und ich – im Kopf – genau weiß: *Sie haben recht! Verglichen mit 95 Prozent der Weltbevölkerung geht es mir sehr gut. Ich müsste arbeiten können, ich müsste Kraft haben, ich müsste strahlen, ich müsste ..., ich müsste ..., ich müsste ...*

Hier ist der Knackpunkt: Wie gehe ich mit mir selbst um, wenn ich im »Obdachlosenmodus« bin? Verurteile ich mich? Entwerte ich mich? Gebe ich mir die Schuld? Dafür, dass ich so bin, wie ich bin? Dafür, dass ich es schon wieder nicht geschafft habe? Dafür, dass all die guten Gedanken und die viele Arbeit an mir selbst immer noch keine Wirkung zeigen? Dafür, dass ich anscheinend trotz bester Bedingungen unfähig bin, mein Leben in die Hand zu nehmen?

Trotz Unterstützung von außen und genug Wissen im Kopf sprechen meine Gefühle manchmal eine andere Sprache: Ich fühle mich hilflos, traurig oder schlecht – oder alles zusammen.

Die Situation mit dem verwahrlosten Mann in der Nähe des Ladens zeigte mir, welche Gefahr ich laufe, wenn ich mich wie ein wertloser, abgehalfterter Mensch fühle – auch wenn ich äußerlich vielleicht makellos erscheine. Ich beginne, mich selbst zu verurteilen. Ich entwerte mich, denn nur fit und präsent, gesund und wach, einfühlsam und arbeitsfähig fühle ich mich wertvoll. Aus diesem Grund spiegeln meine verurteilenden Gedanken über den Penner das, was ich in so einem Fall von mir halte.

Und die Geschichte lehrte mich: Ich habe die Wahl. Ich kann das Geschenk annehmen, indem ich mir selbst begegne wie dem abgerissenen freundlichen Menschen. Er bot mir ein Geschenk an: ein Lächeln, das uns verband und mich beglückte. Genauso kann ich mich mit mir verbinden – und ich werde durch diese Verbindung mit mir wieder ein Stück mehr heil.

Die Erfahrung unserer Wirklichkeit kann demnach angesichts ein und derselben Situation so sein, als würde ich zwei völlig unterschiedliche Realitäten erleben – je nachdem, wie ich sie betrachte. Manchmal fühle ich mich angesichts der eigenen Unzulänglichkeiten einsam und getrennt – von mir und von anderen. Und ich kann zu meinen Fehlern stehen und genau dadurch entsteht Verbindung – ebenfalls mit mir und mit anderen. Wir lachen vielleicht gemeinsam über das, was ich erzähle. Oder jemand sagt:»Ja, so ging es mir auch schon oft.«Ich selbst kann agieren und reagieren, als wäre ich nicht *ein* Mensch, sondern zwei verschiedene Menschen.

Dieses Erleben ist keine Einbildung, sondern hat tatsächlich seine physiologische Grundlage in der Differenzierung unseres Gehirns in eine linke und eine rechte Hemisphäre. Unsere linke und unsere rechte Gehirnhälfte ermöglichen es uns, Realität so unterschiedlich zu interpretieren, als würden zwei verschiedene Wesen sie erleben und dementsprechend unterschiedlich agieren. Deutlich wird dies an den Erfahrungen von Dr. Jill Bolte Taylor, einer Gehirnanatomin und -forscherin.

Ein Gehirn – zwei Welten

Dr. Jill B. Taylor war erst Mitte dreißig, als sie einen Schlaganfall erlitt. Während sie realisierte, was in ihrer linken Gehirnhälfte passierte, war einer ihrer ersten Gedanken: »Oh, cool! So kann ich genau erleben, über was ich forsche!« Später berichtete sie, es sei für sie ein entscheidender Überlebensgrund gewesen, das zu bezeugen, was sie erfahren hatte. Und sie sei wieder völlig gesund geworden, weil »ich als ausgebildete Gehirnforscherin an die Fähigkeit meines Gehirnes glaubte, den neuronalen Kreislauf zu reparieren und wieder aufzunehmen.« Welch eine wunderbare Symbiose von Wissen und Glauben!
Und hier ist ihr Zeugnis (Jill B. Taylor, *Mit einem Schlag*):

Es passierte an einem Dezembermorgen. Es dauerte eine Weile, bis ihr die Diagnose bewusst wurde. Ein Hirnangiom platzte, und ihre linke Gehirnhälfte wurde mit Blut überschwemmt.

Das führte zu Schmerzen auf der linken Seite ihrer Stirn sowie im rechten Arm und zu einer eingeschränkten Bewegungsfähigkeit. Nach und nach verlor sie ihr Vermögen, klar zu denken und zu sprechen. Sie nahm Sprache und Zahlen nur noch eingeschränkt wahr. Tatsächlich schaffte sie es trotzdem, bei ihrer Arbeitsstelle anzurufen. Dort wurde das Gestammel am anderen Ende der Leitung als das ihre erkannt. Ihr Kollege setzte die Rettung in Gang. Durch eine Operation und liebevolle Fürsorge während ihrer insgesamt achtjährigen Genesungszeit fand sie ins Leben zurück. Unterstützt wurde das durch ihre Willenskraft und ihren Glauben.

Bahnbrechend und erleuchtend sind die Erfahrungen, die sie bei völligem Bewusstsein und in einem Zustand von rechtshirniger Dominanz machte.

Um das zu verstehen, gehe ich kurz auf die Unterschiede unserer beiden Gehirnhälften ein:

Unsere rechte und unsere linke Gehirnhälfte sind über Kreuz mit unseren Körperhälften verbunden. Das bedeutet, dass die rechte Körperseite der linken Gehirnhälfte zugeordnet wird und umgekehrt. Interessant ist, dass fast jeder Rechtshänder eine linkshemisphärische Dominanz aufweist (85 Prozent), genauso jedoch 60 Prozent aller Linkshänder. Dominanz bedeutet in diesem Fall eine höhere Aktivität in einer Gehirnhälfte. Die Aktivität in der linken Hemisphäre ist vor allem durch unsere Fähigkeit bedingt, verbale Sprache zu erschaffen und zu verstehen. Beide Gehirnhälften sind durch eine Art Brücke, das Corpus callosum, auf dem sie aufsitzen, verbunden.

Während unsere linke Gehirnhälfte Vergangenheit, Gegenwart und Zukunft aneinanderreiht, analysiert, vergleicht, Details erkennt und ständig mit uns plappert, existiert für unsere rechte Hemisphäre nur der Augenblick: Jetzt essen wir, jetzt lieben wir, jetzt freuen wir uns. *»Durch die Aktivität der rechten Gehirnhälfte verwischen Grenzen. Alles und jeder ist eins.«* (Jill B. Taylor)

Es ist genial für uns Menschen, dass unsere beiden Gehirnhälften mit ihren Fähigkeiten wie Zahnräder ineinandergreifen und so ihre Wahrnehmungen zu einer einzigen verbinden. Eine integrierte Gehirnfunktion ist Voraussetzung für erfolgreiches Lernen und Leben. »Integriert« bedeutet, dass beide Gehirnhälften gemeinsam genutzt werden, sich ergänzen und optimieren. In unserer heutigen »linkshirnig dominanten« Welt bedeutet das, wir sollten die rechte Gehirnhälfte aktivieren und stärken. Studien belegen: Kinder, die durch Entspannungs- und Meditationstechniken lernen, ihre rechte Gehirnhälfte zu aktivieren, bewältigen ihren Schulalltag stressfreier und erfolgreicher. Auch strahlt die Aktivierung der rechten Hemisphäre auf die linke aus und führt insgesamt zu einer höheren Hirnaktivität *(www. erfurt.unbesiegbarkeitsschule.de)*.

Jill Taylors linke Gehirnhälfte »verstummte« immer mehr. Dadurch wurde die linkshirnige Dominanz durch eine rechtshirnige Dominanz ersetzt. »Während die Sprachzentren in meiner linken Gehirnhälfte immer stiller wurden und ich mich von den Erinnerungen an mein Leben löste, tröstete mich das friedliche Gefühl, das sich in mir ausbreitete. Mein Bewusstsein erhob sich in einen Zustand der Allwissenheit, des

Einsseins mit dem Universum ... Es war, als würde ich zu Hause ankommen, und dieses Gefühl gefiel mir.«

Ihr Körper wurde ihr bewusst als reine Energie, als ein Meer von Elektronen, die in elektromagnetischen Feldern schwimmen. Ein elektromagnetisches Feld – das ist die Luft, die wir atmen; die Wand, gegen die wir uns lehnen; das Wasser, in dem wir baden. Jill Taylor nahm ihren Körper nicht mehr fest wahr, sondern eher flüssig, nicht mehr getrennt von allem. Er zerfloss im Raum. Einen Augenblick später erlebte sie ihren Körper als ein Meer von Wasser in einer Membranhülle und erfuhr diesen Körper als wunderbaren Träger ihres bewussten Geistes.

»Ich blickte in meine Augen und mir wurde klar, dass mein Körper ein kostbares, zerbrechliches Geschenk war und dass dieser Körper wie ein Tor funktionierte, durch das die Energie meines Wesens in einen dreidimensionalen äußeren Raum strömen kann.« Und weiter: »Wie hatte ich nur so viele Jahre in diesem Körper, in dieser Lebensform zubringen können, ohne jemals zu verstehen, dass ich hier nur zu Besuch war?«

All diese unglaublichen Einsichten wurden Jill Taylor durch ihren Schlaganfall beschert, der ihre linke Gehirnhälfte betraf. Sie erlebte also einen Zustand der Dominanz ihrer rechten Gehirnhälfte. Und dadurch erfuhr und erfährt die Welt, welche Schätze die rechte Hemisphäre für uns bereithält.

Gerade heute brauchen wir Menschen die Fähigkeiten unserer rechten und unserer linken Gehirnhälfte, um die Herausforderungen zu bewältigen, die sich uns im Leben stellen. Unsere beiden Gehirnhälften sollen sich wieder vereinen, ohne dass eine die andere dominiert. Dadurch haben wir Zugang zu unserem vollkommenen menschlichen Potenzial.

Durch die Integration unserer beiden Hemisphären entstehen Ruhe und Frieden in unserem Kopf. Und dadurch gelingt es uns, ein Tor in unserem Gehirn zu öffnen, das Tor zur Welt. Liegt es nicht nahe, dass wir in unserem Gehirn – und speziell in den Frontallappen – das »Tor zum Universum« finden, das Tor zu Gott, das Tor zu den Paralleluniversen, die die Quantenphysik verspricht, oder das Tor zur bedingungslosen Liebe, zu Friede und Wohlgefallen, wie es Jesus Christus verkündete! Wir sind EINS, und das dürfen wir durch die Gleichberechtigung unserer beiden Gehirnhälften erfahren.

Unser Herz weiß, was es will: Es will leben. Es ist weit mehr als eine Pumpe, die rotes, sauerstoffreiches Blut und schwarze, kohlendioxidangereicherte Flüssigkeit durch unsere Adern und Venen pumpt. Aus unserem Herzen strömt die Liebe. Allerdings spielt unser Gehirn oft nicht mit. Es sagt: »Es ist doch dumm, zu meinen, du wärst okay, so wie du bist. Und noch unklüger ist es, zu denken, dass andere dich genau so lieben.« Oder: »Es ist falsch, einfach zu verzeihen. Der andere muss schon ein bisschen leiden – Strafe muss sein.« Oder: »Wir sind nicht auf der Welt, um Spaß und Freude zu haben.«
Ich meine: Genau dafür sind wir hier. Doch unser Gehirn maßregelt die Kraft unseres Herzens. Unser Herz rüttelt an dem Tor, es will sich mit dem Gehirn verbinden, in Kohärenz gehen und dann die Energie weiterziehen und ausstrahlen lassen in jede Körperzelle und in die Welt.

Um das zu können, brauchen wir beide Gehirnhälften: Die linke Gehirnhälfte führt uns zum Tun, zum logischen Denken, zum Wirken, zur Manifestation unserer Gedanken. Die rechte Gehirnhälfte stellt uns die Erkenntnis und Erfahrung von Frieden, von Gelassenheit und Verbindung zur Verfügung. Beide zusammen machen uns zu einem Menschen, der seine Herzenskraft ausdrückt und umsetzt.

Und noch etwas ist wichtig: Stehen Tore offen, dann können Informationen ungehindert in beide Richtungen passieren. Aus der materiellen Welt nehmen wir durch unsere sensorischen Fähigkeiten ständig Informationen auf, wandeln sie durch unser Denken und Fühlen in Handeln um und gestalten dadurch unsere Wirklichkeit.

Wie wäre es, wenn das Tor in unserem Gehirn genauso ungehindert Passanten ein- und auslassen würde wie eine Saloontür im wilden Westen, die nach beiden Seiten aufschwingt? Unser Gehirn ist ein Empfänger, bereit und neugierig darauf, Informationen darüber zu empfangen, was es bedeutet, mit *allem* verbunden zu sein. Und unsere rechte Gehirnhälfte öffnet uns dafür, im Jetzt zu leben und jeden Atemzug zu genießen. Die Qualitäten unseres Herzens werden sichtbar. Durch das Tor mit weit geöffneten Flügeltüren können wir Liebe und Mitgefühl, Wertschätzung und Dankbarkeit immer öfter von unserem Herzen nach außen fließen lassen, und diese »Seins-Zustände« dürfen ungehindert kommen und gehen. Wir senden sie aus und empfangen sie und wir leben damit im »Flow«.

Seit ich diese Informationen über die Unterschiede meiner beiden Gehirnhälften kenne, achte ich besonders auf das Gefühl von Angeregtheit in meiner rechten Hemisphäre. Tatsächlich spüre ich meine rechte Gehirnhälfte warm und lebendig bei einem Gefühl von Liebe und Verbundenheit. Ich spüre sie auch, wenn ich im Fluss bin – wenn ich zum Beispiel (wie jetzt) schreibe.

Vor Kurzem habe ich, die ich von Kindesbeinen an als völlig unmusikalisch verschrien war, begonnen, mir Gesangsunterricht zu schenken. Es ist wundervoll! Eine Stunde übe ich mich darin, ein »Uuuh« oder ein »Aaah« zu singen. Dabei geht es darum, den Ton zu empfangen, ihm meinen Körper zur Verfügung zu stellen und ihn durch mich erklingen zu lassen. Meine Lehrerin erklärte mir: »Töne sind überall um uns herum vorhanden, und wir erfahren die Gnade, diesen einen Ton, der sich uns jetzt zur Verfügung stellt, durch unsere Stimme auszudrücken.«

Jede dieser Stunden ist reines Glück. Und meine rechte Gehirnhälfte fühlt sich danach aktiv und lebendig an. Es gibt nichts, was ich brauche. Kein Kauf, kein Konsum, kein »Haben« kann das Glück dieser von mir zum Leben erweckten »Aaahs« oder »Uuuhs« wettmachen. Ein Gefühl von »Alles ist möglich« und »Nichts ist wichtig« stellt sich bei mir ein. Ich bin im Jetzt.

Ich wage zu behaupten, dass das Wohl und vielleicht auch das Überleben unserer Menschheit vom Vereinen unserer beiden Gehirnhälften abhängt. Die große Chance ist: Jeder Mensch hat zwei! Tatsächlich sind wir anatomisch gesehen alle gleich.

Jeder besitzt den Schlüssel zum Universum, den Schlüssel zu Gott. Wir müssen ihn nur benutzen. Und das tun wir, indem wir unsere rechte Gehirnhälfte genauso gebrauchen wie unsere linke und so zu einer Ausgewogenheit, einer Balance im Leben kommen. Stellen wir uns vor, wir würden von unseren beiden Händen stets nur eine gebrauchen. Oder wir würden hinken, weil wir das rechte Bein bevorzugen, und uns vom linken Fuß immer nur kurz abstoßen. Das wäre eindeutig keine harmonische Fortbewegung.

Genauso ist jeder Mensch anatomisch in der Lage, sich in den Zustand von Ruhe und Frieden, von Wohlgefühl und Liebe zu begeben und dort zu verweilen. Wir haben dieses Potenzial. Wir können unsere beiden Gehirnhälften gleichzeitig nutzen. Warum sind wir nicht öfter im Frieden und Wohlgefühl? Wir haben Angst und wir wissen nicht, wie wir in diesen »seligen« Zustand gelangen sollen. Wir sind es nicht gewohnt, uns EINS zu fühlen. Manchmal denken wir, wir verhungern, wenn wir nicht soundsoviel Geld auf dem Konto haben. Wir denken, wir verlieren unser Gesicht, wenn wir unserer Kollegin sagen, wie sehr wir sie schätzen. Und wir trauen uns nicht, unseren Eltern zu sagen, dass wir sie lieben. Da ist es wieder, das Geplapper unserer linken Gehirnhälfte: »Ich kann doch nicht ... lieben, lachen, wie ein Kind spielen, mich freuen, leicht sein.« Wir haben vielleicht sogar Angst, »ver-rückt« zu werden, wenn wir das Tor in unserem Gehirn öffnen. Was kommt dann alles herein? Womöglich verrückt sich etwas in unserem Kopf und passt nicht mehr zu unserer Wirklichkeit.

Ich kenne viele Geschichten von Menschen, die als Kinder die geistige Welt wahrgenommen und mit ihr kommuniziert haben; sie zweifelten an sich oder schlossen das Tor aus Angst, für geistig verwirrt erklärt zu werden.

Ich selbst hatte Angst, über das Erleben von Energie zu sprechen. Es ist noch keine fünf Jahre her, da wählte ich sehr genau aus, mit wem ich meine Erlebnisse teilte. Meine Erfahrungen von Energie waren für mich so neu, dass ich unbedingt darüber reden wollte, aber anfangs wirklich nicht wusste, mit wem.

Mittlerweile ist die Erfahrung der strömenden Energie eine wunderbare Sache für mich. Sie macht mich jedes Mal ein bisschen mehr ganz, auch wenn ich sie für jemand anderen initiiere. Wir sind eben EINS.

Bezogen auf die Integration der beiden Gehirnhemisphären bedeutet »Ganzsein« oder »Heilsein«, auch Erfahrungen willkommen zu heißen, die nicht sichtbar, hörbar oder spürbar sind. Das Tor in meinem Kopf steht offen und heißt Zustände willkommen, die mich überraschen, erfreuen, verwundern. Ich begrüße diese neuen Zustände wie unerwartete Gäste – mittlerweile auch auf die Gefahr hin, nicht für voll genommen zu werden – und biete ihnen einen Platz zum Ausruhen und Verweilen an.

Wenn sich das Tor im Kopf öffnet und unser Gehirn mit dem Herzen kohärent wird, beginnt unser Herz zu führen. Die Auswirkungen sind gewaltig. Das Tor im Gehirn lässt die Verbindung zu anderen Welten zu. Nach dieser Verbindung sehnt sich unser Herz schon seit geraumer Zeit. Wir öffnen uns für den

Fluss von Liebe, Frieden und Gewahrsein. Unser Herz nimmt seine Macht an und unser Gehirn unterstützt es dabei.

Die Frage, die sich stellt, lautet: Wie öffne ich das Tor?

Willkommen im
integrierten Gehirn

Kohärenz von Kopf und Herz

Im 17. Jahrhundert entwickelte Christian Huygens, ein niederländischer Physiker und Mathematiker, eine Pendeluhr. Eines Tages machte er eine Entdeckung: Alle Pendeluhren in seiner Werkstatt liefen synchron, das heißt, die Pendel bewegten sich alle zum gleichen Zeitpunkt in die gleiche Richtung – in vollkommener Harmonie. Huygens wusste, dass er dies nicht in Gang gesetzt hatte. Erstaunt brachte er den gleichmäßigen Rhythmus durcheinander und stellte nach einer gewissen Zeit verblüfft fest, dass sich alle Pendeluhren wieder auf den gleichen Rhythmus eingestimmt hatten.

Er konnte dieses Rätsel nicht lösen, doch spätere Wissenschaftler kamen ihm auf die Spur: Das größte Pendel mit dem stärksten Rhythmus synchronisiert die anderen. Es gibt eine Bewegung vor, und die anderen Pendel schwingen sich harmonisch darauf ein (siehe Doc Childre, *Die HerzIntelligenz-Methode*, S. 165).

In der Natur ist dieses Phänomen des harmonischen Einwirkens, auch »Entrainment« genannt, überall zu finden. Das Herz entspricht in unserem Körper dem stärksten Pendel. Es gibt seine Schwingungen den anderen Systemen vor. Verbinden sich unsere Gehirnwellen mit der Herzfrequenz auf eine Weise, dass sie in gleicher Frequenz schwingen, erleben wir oft ein körperliches Wohlgefühl und intuitive Klarheit. In diesem Fall spricht man von »Kohärenz« zwischen Kopf und Herz. Physikalisch bedeutet Kohärenz, dass zwischen den Phasen eines Wellenfeldes an verschiedenen Orten eine zeitlich unveränderliche Beziehung besteht. Bildlich gesprochen heißt das, dass Gehirn und Herz zwar örtlich voneinander getrennt sind, aber gleich schwingen und auf das Gleiche ausgerichtet sind. Die Frequenzen beider Organe sind synchron.

Stellen wir uns jetzt vor, dass das Herz als Impulsgeber durch Gefühle wie Angst, Wut oder Schmerz beeinflusst wird. Oder durch Gedanken, die zu diesen Gefühlen führen. Unser Herzschlag stockt vielleicht und sendet inkohärente, das heißt disharmonische Signale an den Körper. Das Herz gibt in diesem Fall einen Rhythmus vor, der dazu führen kann, dass sich der Puls verändert, der Stoffwechsel nicht rund läuft, spezifische Enzyme nicht optimal produziert werden und deshalb Stoffwechselvorgänge nicht wirkungsvoll funktionieren.

Ein Beispiel: Es ist wissenschaftlich bewiesen, dass sich zwei Personen bei gleichen Bedingungen (Ernährung, Bewegung) unterschiedlich entwickeln. Der eine nimmt zu, der andere nicht – abhängig von der Menge an Stress, die sie jeweils erleben. Stress macht dick! Die Auswirkungen von Stress auf die Herzkohärenz ist oft untersucht worden. Gefühle von Liebe, Dankbarkeit und Entspannung tragen zu vermehrter Herzkohärenz bei. Umgekehrt kann vermehrter Stress bewirken, dass unser Rhythmusgeber Herz keine kohärenten Beziehungen zu seiner Umwelt – und das sind zuerst einmal die anderen Organe und auch das Gehirn – aufnimmt. Das führt dazu, dass die Nahrung unter Stresseinfluss stoffwechselphysiologisch nicht optimal vom Körper verwertet wird. So nimmt ein gestresster Mensch eher zu als ein entspannter, obwohl beide das Gleiche essen und sich messbar gleich viel körperlich bewegen.

Wir tun unserem Herzen – also uns – einen Gefallen, wenn wir Frieden schließen. Als erstes sollten wir das Jetzt, die Gegenwart, anerkennen. Dann können wir den nächsten Schritt tun. Lassen wir das Alte los und feiern wir mit Freude und Dankbarkeit die Intensität unseres Lebens! Schritt für Schritt schreiten wir vorwärts, bis wir zu dem Punkt gelangen, an dem der Frieden in uns einhergeht mit dem äußeren Frieden um uns herum. Unsere innere Kohärenz weitet sich aus zum Gleichklang von innen und außen. Denn: Wie innen, so außen; wie außen, so innen.

Es sind immer die Baustellen, an denen wir arbeiten und lernen. Und deshalb kann es sein, dass jetzt eine Baustelle abgeschlossen ist und dafür eine neue eröffnet wird – je nach unseren Fähigkeiten.
In diesem Sinne geht es um die Kohärenz von Kopf und Herz – präzise gesagt: um die Kohärenz unseres integrierten Gehirns

mit unserem Herzen. Das setzt die Integration unserer beiden Gehirnhälften voraus. Und das ist der optimale friedvolle Zustand. Unsere beiden Gehirnhälften bilden eine perfekte Einheit.

Jetzt kann unser Herz die Führung übernehmen. Anstatt zu stocken, weil unser Kopf Gedanken denkt, die uns von anderen trennen, bildet es eine harmonische Einheit mit unserem Gehirn. Unser größtes Pendel schwingt nicht nur kohärent mit unseren Organen und Zellen, sondern kann durch die Öffnung des Tores in unserem Frontallappen wirken. Wir strahlen Liebe aus.

Die Untersuchungen des HeartMath Instituts in Kalifornien bestätigen die Reichweite der Herzensenergie. Und je mehr wir üben, desto besser wird es: »Use it or lose it« (»Nutze es, oder du verlierst es«) – ein oft zitiertes Wort aus der Biologie, das sich auf die Ausprägung von körperlichen Fähigkeiten bezieht. Mit dem Tor in unserem Kopf und dem Wirken durch unser Herz ist es genauso! Wir können es öffnen und immer wieder durch es hinausstrahlen. Damit verbinden wir uns mit anderen Herzen und erhöhen die Schwingung auf der Erde.

Wunderbar ist es, wenn unser Gehirn synchron mit unserem Herzen schwingt und wir unser volles Potenzial auf der Erde entfalten können.

Grüße an das Universum

Im Folgenden beschreibe ich, was ich tue, um mich mit dem Universum zu verbinden. Diese Übung gehört zu meiner täglichen Praxis. Ich wiederhole sie drei bis sieben Mal; das dauert ca. 5 Minuten. Sie ist angelehnt an den Mond- und Planetengruß von Adelheid Ohlig, der in ihrem Buch *Die bewegte Frau – Luna-Yoga* beschrieben ist. Für mich ist die Übung ein Ritual. Ich führe sie meistens morgens durch, nach dem Aufstehen. Das Ritual leitet mich durch den Tag, und ich liebe es, meinen Körper dabei zu strecken und zu räkeln.

Während dieses »Yoga-Flows« verbinde ich mich mit der universellen Liebe, ich danke für die Schönheit des Universums, ich danke für mein Leben und spüre die Liebe in mir selbst, die ausströmt zum Himmel und zur Erde und die mir von dort geschenkt wird. Ich verbinde mich mit allen Lebewesen, mit dem männlichen und dem weiblichen Prinzip und mit dem, was es sonst noch gibt.
Die gesprochenen oder gedachten Sätze lauten folgendermaßen:

Grüße an das Universum,
Grüße an mich selbst.
Grüße an den Himmel
und Grüße an die Erde.
Grüße an den Vollmond
und an den Halbmond
und an den anderen Halbmond.
Und ich schaue mich um: Wer ist noch da?

Diese Übung umschließt für mich: die Aktivierung der rechten und linken Gehirnhälfte, die Verbindung mit meinem Herzen, die Bewegung meines Körpers durch Strecken und Dehnen und die Erfahrung meines Lebensatems. Sie macht mich glücklich und froh.

Hier muss ich an eine Kindergeschichte von Janosch denken, in der es um Essen geht. Über den Nachtisch heißt es dort: »Er macht glücklich und froh.« Genauso ist es mit dieser Übung: Sie wärmt den Körper und das Herz. Sie dehnt die Muskeln und lässt den Geist fliegen. Sie versorgt mit Sauerstoff und macht die Seele leicht.

Jedenfalls bedeutet sie all das für mich. Im Folgenden erkläre ich die Übung im Detail und erläutere gleichzeitig, was mir die einzelnen – angenehm wenigen – Worte sagen. Du kannst den Yoga-Flow gleich ausprobieren, während du liest! Es tut zwischendurch gut, den Körper zu dehnen. Am Ende des Kapitels kannst du die Übung dann fließend durchführen. Ich lade dich ein, gleich aufzustehen und mitzumachen!

»Grüße an das Universum«

Als Ausgangsposition lege ich meine beiden Hände auf den Brustkorb, die Ellbogen zeigen nach außen.

Dann breite ich meine Arme und Hände nach beiden Seiten aus, weite damit meinen Brustraum und atme ein. Wie gut ist es, den Brustkorb zu dehnen und Raum zu schaffen für den Atem, der leicht in ihn einfließt.

Ich erfahre dadurch, dass Atemluft in unermesslicher Menge für mich da ist. Ich umarme das Universum und spüre, dass ich Teil dieses großen Ganzen bin. Ich atme ein, jeder Atemzug wird mir geschenkt, ich kann ihn weder kaufen noch ausleihen, noch kann ich ihn auf Vorrat atmen. Jedes Einatmen bedeutet, dass mir mein Leben geschenkt wird aus dem Prinzip bedingungsloser Liebe. Hauptsache, ich lebe – egal, was ich im Augenblick mit meinem Leben mache. Hauptsache, ich atme – keiner kann mir dabei reinreden, keiner eine Bedingung stellen; es ist meine freie Entscheidung, wie ich meinen Lebensatem verwende. Bedingungslos steht er mir zur Verfügung. Ich empfange ihn.

Mein Atem wird mir geschenkt, vom ersten Augenblick auf dieser Erde. Er begleitet mich mein Leben lang bis zu jenem Augenblick, in dem ich meinen letzten Atemzug tue. Und dadurch, dass ich einatme, der Atem in meinen Körper fließt, werden wiederum mein Körper und mein Geist und meine Seele zu einem Geschenk, das unsere Welt in ihrer Vielfalt bereichert. Ich bereichere mich selbst, und dadurch bereichere ich andere.

Mein Geist verbindet sich mit dem großen Feld des reinen Gewahrseins, dem Feld geistiger Wachheit, und macht es dadurch für alle sichtbar, es scheint durch mich in meiner Farbe. Ich darf dem Universum meine Facette hinzufügen und sie ist wichtig. Ich bin ein Geschenk für die Welt, genauso wie mir mein Leben geschenkt wird, mit jedem Atemzug.

Wir sagen oft: »Meine Mutter hat mir mein Leben geschenkt.« Tatsächlich ist das so; sie hat uns ihr Leben zur Verfügung gestellt, in der Regel neun Monate lang, um uns wachsen und gedeihen zu lassen. Nicht nur durch den Körper der Mutter wachsen und gedeihen wir, auch ihre Seele ist es, die uns in Liebe umfängt. Und wenn wir dann geboren werden, durch den Geburtskanal, durch diese Engstelle, die »Ankommen in dieser Welt« sowie Initiation bedeutet, wird uns mit dem ersten Atemzug unser Leben außerhalb des mütterlichen Körpers geschenkt, unser unabhängiges, eigenständiges Leben als kleiner Mensch. Wir atmen ein und sind verbunden. Durch unsere Atemluft sind wir verbunden mit Milliarden anderer Menschen. Unsere Seele breitet sich aus. Sofort können wir in Kontakt treten und andere Menschen glücklich machen, einfach durch unser »Dasein«, unser »In-der-Welt-Sein«. Wir sind ein Geschenk. Die Luft, die wir alle gemeinsam nutzen, können wir nicht horten. Die Sauerstoffatome, die wir einatmen, hat vielleicht kurz vorher jemand als Kohlendioxid ausgeatmet. Durch den Prozess der Fotosynthese setzen die Pflanzen den Sauerstoff wieder frei, der in die Luft zurückkehrt. Zu behaupten, dass wir alle verbunden sind, ist also keinesfalls metaphorisch gemeint. Es ist tatsächlich so, dass wir immer wieder vom Gleichen essen, trinken, atmen. Jeder von uns trinkt Wasser, das schon einmal oder mehrmals getrunken wurde. Das gebrauchte und geklärte Wasser versickert, wird durch die Erde gereinigt und dann wieder gefördert. Und auch wenn wir glauben, wir trinken aus einer klaren Gebirgsquelle, nehmen wir damit nur den augenblicklichen Zustand der Wassermoleküle wahr. Wir teilen unser Wasser, wie wir mit allen Menschen die Luft teilen.

Es gibt Studien, die besagen, dass Atome unseres physischen Körpers mit großer Wahrscheinlichkeit schon Bestandteile des Körpers anderer Menschen waren. Vielleicht hat ein Teil von dir schon zu Jesus Christus, Buddha oder zu Jeanne d'Arc gehört. Unser physischer Körper ist wie ein Fluss, der immer gleich aussieht und dabei niemals derselbe ist. Ständige Bewegung, Loslassen, Manifestieren und erneutes Lösen ist die Wirklichkeit hinter unserer Vorstellung von Realität.

»Grüße an das Universum« schließt das alles mit ein: Ich grüße und ehre das Wunder, und ich bedanke mich dafür, ein Teil davon sein zu dürfen.

»Grüße an mich selbst«

Jetzt führe ich meine Hände vor meiner Brust zusammen und atme aus.

So wie ich den Atem als Geschenk annehme, so atme ich ihn wieder aus und beschenke damit mich und die Welt.

Indem ich mich selbst grüße, bringe ich mir Liebe, Wertschätzung und Achtung entgegen. Die Hände über meinem Brustkorb richten meine Aufmerksamkeit auf mein Herz, und hier fühle ich dann ... Ja, was eigentlich? Nach einer unruhigen Nacht werde ich durch die »Grüße an mich selbst« zuerst einmal ruhig. In der Ruhe spüre ich, wie es meinem Herzen im Augenblick geht. Ist es angespannt, ängstlich, im Stress?

Wenn ich das spüre, dann stehe ich mit vor der Brust gefalteten Händen und schicke meinem Herzen weitere Grüße. Das heißt, ich atme wieder ein, nehme das mir so sichere Geschenk des Universums an, lasse es zu meinem Herzen hinfließen und atme wieder aus. Beim Ausatmen gibt mein Herz, mein Körper das Geschenk zurück, und zwar in der ihm eigenen Farbe. Beim Ausatmen spüre ich: Wie fühlt sich mein Herz jetzt an? Ist der Druck immer noch da? Oder die Angst, nicht genug Luft zum Atmen zu bekommen? Dann atme ich wieder in mein Herz und lasse es spüren, dass alles Wichtige im Überfluss vorhanden ist, dass für es gesorgt wird. Und ich atme aus; dabei merkt mein Herz, es darf loslassen, und Loslassen entspannt. Und wenn ich jetzt erneut einatme, weitet sich mein Brustkorb vielleicht schon voller Vertrauen, ich spüre, es ist genug für mich da, und beim Ausatmen kann ich den Strom meiner Atemluft einfach fließen lassen.

Bin ich im Freien, dann sehe ich beim nächsten Einatmen vielleicht kleine Diamanten, die für mich auf den Gräsern als Tautropfen glitzern, und Entzücken breitet sich in mir aus. Beseelt atme ich aus. Beim nächsten Einatmen strömt die Dankbarkeit über die Schönheit und die Liebe des Universums in mein Herz, und beim Ausatmen fühle ich die Freude, ich selbst und gleichzeitig mit allem verbunden zu sein.

Wenn ich jetzt weiter ein- und ausatme, gebe ich mich diesem Zustand von Verzücken, Ruhe und Frieden hin.

Ich bleibe so lange bei den »Grüßen an mich selbst«, dem Ein- und Ausatmen mit vor der Brust gefalteten Händen, bis ich Freude, Liebe oder Dankbarkeit in mir spüre – ein Wohlgefühl.

»Grüße an den Himmel«

Ich strecke meine Arme nach vorne aus und erhebe sie nun zum Himmel. Dabei atme ich ein. Ich recke und strecke mich, stelle mich auf die Zehenspitzen und genieße dabei das wunderbare Gefühl, mich voll aufzurichten.

Dabei wird mir bewusst, dass ich ein Kind des Himmels bin, das mit den Füßen fest auf der Erde steht. Ich strecke mich zum Himmel, mein Geist steigt auf wie ein freier Vogel, der sich erhebt. Ich verbinde mich mit dem Göttlichen, aus meinem Herzen heraus, das jetzt freudig schlägt. Meine rechte Gehirnhälfte verbindet sich mit der linken, mein Gehirn ist bereit, Informationen zu empfangen und sie weiterzuleiten zum Herzen, das sie in dieses Leben bringt. Ich bin gesegnet. Es gibt nichts zu tun. Ich bin bereit, mich mit dem Himmel zu verbinden.

Jesus spricht: »Ich bin der Weg, die Wahrheit und das Leben. Niemand kommt zum Vater denn durch mich.«

Mein heutiges Verständnis dieses Satzes ist: Gott hat den Menschen aus Liebe seinen Sohn geschenkt, damit er sie erlöse. Niemand kommt zu Gott, der dieses Geschenk der reinen Liebe nicht annimmt. Nicht durch harte Arbeit, Geißelung, Züchtigung oder Ablass kommen wir zu Gott, sondern durch die Annahme seines Geschenkes und durch die Hingabe an die Liebe, aus der heraus es geschah.

Ich biete die Freude über mein Leben, über meinen Körper, über meine Seele dem Himmel dar, damit sie sich verbinden in unbändiger Liebe. Ich fühle mich aufgehoben im wahrsten Sinne des Wortes – und ich bin frei.

»Grüße an die Erde«

Beim Ausatmen beugt sich mein Oberkörper langsam nach vorne und Richtung Boden. Ich stehe fest auf beiden Füßen; meine Hände bewegen sich nach unten, bis sie auf der Erde ankommen. Meine Knie sind nicht durchgedrückt, sondern »durchlässig«. Ich persönlich mag es, meinen Oberkörper nun ganz entspannt auf meinen Oberschenkeln »abzulegen«. Meine Hände berühren den Boden und ich atme vollends aus.

Ich genieße es, mit meinen Händen den Boden zu fühlen. Mir gefällt es, mit meinen Händen in der Erde herumzuwühlen. Ich backe gerne und liebe es, mit meinen Händen einen Hefeteig zu kneten. Andere Menschen mögen es vielleicht sehr, Steine zu behauen oder einen Tisch zu schreinern und Holz zu bearbeiten. Ich liebe es, Menschen und Tiere zu streicheln, diese Körper durch meinen Körper zu spüren. Ich bin glücklich, wenn ich auf Bäume klettern und Äpfel oder Kirschen pflücken kann – Geschenke von Mutter Erde. Durch meine Hände gebe ich Geschenke zurück: Ich backe Kuchen oder pflanze Blumen und erfreue damit mich und meine Mitmenschen.

Vielleicht drücke ich auch meine Freude am Leben durch das Tippen auf der Tastatur eines Computers aus. Während ich dies gerade schreibe, merke ich, wie gut sich mein Herz anfühlt, und wie dankbar ich bin, dass dieser Körper zu mir gehört, mit dem ich meinem Geist nicht nur Flügel, sondern auch Wanderschuhe mit guter Bodenhaftung verleihen kann.

Kürzlich las ich von einer spirituellen Gemeinschaft in Sibirien, die sich um einen Menschen namens Wissarion schart. Wissarion hat in sich die Wiedergeburt von Jesus Christus erkannt. 5000 Menschen leben um sein Zentrum herum in verschiedenen Dörfern auf einem Gebiet so groß wie Frankfurt am Main (*GEO* 12/2009). Die Dörfer sehen auf den Fotos idyllisch aus. Wirklich beeindruckend sind folgende Kennzeichen der Gemeinschaft: Mitglieder verschiedenster Religionen sind willkommen, es gibt Hindus, Christen und auch Menschen, die sich früher keiner Religion zugehörig fühlten.

Nur Kunst und Handwerk zählen als nutzbringende Tätigkeiten. Es gibt kein Geld; man kann nur etwas erhalten, indem man es geschenkt bekommt.

Das klingt für mitteleuropäische Ohren unvorstellbar. Aber es funktioniert. Jeder produziert etwas für das alltägliche gemeinsame Leben, und jeder verschenkt es, sei es Produkt oder Dienstleistung. Und genauso ist jeder frei, Geschenke anzunehmen.

Die *GEO*-Reporter berichten von wachen Menschen, die oft lachen und nie versuchen, andere zu bekehren. »Die Wissarioniten glauben, Gutes könne nur aus freier Entscheidung entstehen. Und dass die Verbesserung der Welt allenfalls über eine Verbesserung der eigenen Person führen könne. Das ist erholsam für uns Ungläubige.«

Hier werden drei Prinzipien gelebt, die ich schon erwähnt habe:
- Wir sind alle EINS und vor dem Schöpfer sowieso gleich.
- Wir verwirklichen uns durch die Arbeit unserer Hände.
- Wir werden beschenkt, so wie wir schenken dürfen.

Während der Grüße an die Erde berühre ich also mit meinen beiden Händen die Erde, deren Kind ich genauso bin wie das des Himmels. Ich atme vollständig aus. Manchmal merke ich, dass mein Kopf und mein Hals noch angespannt und gehalten sind, dann atme ich erneut ein und entspanne beim nächsten Ausatmen auch meinen Hals, meinen Nacken, meinen Kopf, mein Gesicht. Ich darf völlig loslassen, entspannen. Dankbar gebe ich mich hin.

»Grüße an den Vollmond«

Ich verlagere mein Gewicht auf die Fersen. Dadurch fällt es mir leicht, meinen Oberkörper wieder aufzurichten. Meine Arme und Hände beschreiben währenddessen einen Kreis und treffen sich über meinem Kopf. Dabei atme ich ein.

Im Licht des Vollmondes sehe ich alle Lebewesen auf der Erde. Alle Tiere, Pflanzen und Menschen, tragen zu ihrer Schönheit

41

bei. Was wäre eine Erde ohne Tiere? Sie käme uns ausgestorben und trostlos vor. Ausgestorben – ohne Leben. Jede Wüstenregion hat ihre geheimnisvollen Lebewesen, die sie lebendig und schön machen.

Heinrich Heine hat die Lotusblume und den Mond in einem zarten Gedicht beschrieben:

> Die Lotusblume ängstigt
> sich vor der Sonne Pracht,
> und mit gesenktem Haupt
> erwartet sie träumend die Nacht.
>
> Der Mond, der ist ihr Buhle,
> er weckt sie mit seinem Licht,
> und ihm entschleiert sie freundlich
> ihr frommes Blumengesicht.
>
> Sie blüht und glüht und leuchtet
> und starret stumm in die Höh;
> sie duftet und weinet und zittert
> vor Liebe und Liebesweh.

Den Vollmond zu grüßen, bedeutet für mich, in seinem Licht, das er als Spiegel der Sonne auf die Erde wirft, zu erkennen, was alles lebt, und zwar am Tag und in der Nacht. Damit eröffnet der Vollmond den Blick auf unsere Seele. In seinem Licht sehen wir die Schatten, sehen schemenhafte Ebenen und neue Dimensionen. Das Körperliche wird durchscheinend im Traum. Der Traum transzendiert das Körperliche, hier erleben wir unsere

Seele, und das ist nicht weniger wirklich. Das Licht des Vollmondes ermöglicht uns, tiefer in uns zu blicken und auch anzunehmen und anzuerkennen, was wir in der Tiefe sehen.

Jeder, der sich schon einmal bei Vollmond ohne künstliches Licht in der Natur bewegt hat, weiß, wie hell und gleichzeitig geheimnisvoll es da draußen ist. Wir sehen – und sehen doch nicht. Das Wunder unseres Daseins ist überall spürbar. Die Natur atmet mit uns.

Wir erkennen, dass manche Dinge, die im Sonnenlicht klar und deutlich aussehen, bei Vollmond ihre Schatten zeigen. So erinnert uns der Vollmond daran, dass das Leben, wie wir es tagtäglich erfahren, eine Interpretation unserer Sinne ist. Tatsächlich können wir den Horizont verschieben und Welten von Möglichkeiten entdecken.

Im Licht des Vollmonds bekommen wir eine Ahnung davon, dass hinter jedem Strauch, hinter jedem Stein und hinter jeder Ameise die Kraft von bedingungsloser Liebe steckt – Liebe, die wir spüren weil sie in uns steckt und die, wenn wir sie leben, unsere Möglichkeiten unermesslich erweitert!

»Grüße an den Halbmond«

Während sich meine Hände über dem Kopf berühren, dehne ich mich zuerst nach rechts und atme dabei aus. Ich atme ein, während ich zur Mitte zurückkehre, und dehne mich nun ausatmend nach links. Ich strecke mich genussvoll in jede der beiden Richtungen.

Der Halbmond steht für die eine Seite des Ganzen, für eine Seite der Medaille.
Ich liebe es, mich nach beiden Seiten zu strecken und die Form beider Halbmonde nachzuahmen. Ich mag meine beiden

44

Ohren, meine beiden Füße und Arme. Niemals käme ich auf die Idee, dass eines meiner Beine wichtiger wäre als das andere oder eine meiner Hände wertvoller als die andere. Ich bin froh, dass ich mit zwei Augen in die Welt blicken kann. Sie mögen Unterschiede aufweisen – so sehe ich zum Beispiel mit einem Auge besser als mit dem anderen –, doch möchte ich keinesfalls auf das andere verzichten.

Genauso verhält es sich mit Mann und Frau. Das männliche und das weibliche Prinzip sind in mir enthalten und machen mich vollkommen. Genauso wenig wie ich auf mein linkes Ohr verzichten will, will ich als Frau ohne meine männlichen Anteile leben. Ich will alles! Ich will EINS sein, ein perfektes, vollkommenes Teilchen in der bunten Menschengemeinschaft. Und genauso ist es das Geburtsrecht jedes Mannes, seine weiblichen Anteile zu lieben und zu leben.

Ein schönes Bild für dieses Prinzip ist das Zeichen von Yin und Yang. In jedem dieser Symbole ist das andere im Kern enthalten. Und gemeinsam ergeben sie wiederum einen vollkommenen Kreis.

Wie wohltuend ist es, wenn zwei »ganze« Menschen sich begegnen und sich gegenseitig beschenken können: als Mann und Frau. Und vielleicht macht auch der männliche Anteil der Frau dem weiblichen Anteil des Mannes ein Geschenk und umgekehrt.

Den weiblichen und den männlichen Anteil in sich zu vereinigen bedeutet, zu einer Einheit zu verschmelzen. Diese Einheit steht auf der nächsten Stufe wiederum als eine Hälfte für ein neuerliches Verschmelzen zur Verfügung: für die Vereinigung von Mann und Frau.

Den Halbmond assoziieren wir auch mit dem Islam. Wenden wir die Analogie von Mann und Frau weiterhin an, dann enthält der Islam Kernprinzipien des Christentums, und umgekehrt enthält das Christentum fundamentale Gedanken, die im Islam zu finden sind. Beiden Religionen gemeinsam ist der Glaube an einen Schöpfergott. Im Islam finden wir sogar die Erwähnung von Jesus Christus als Gottes Sohn.

Natürlich geht es nicht nur um Islam und Christentum. Alle bedeutenden Religionen dieser Erde vereinen sich in dem Ziel, den Menschen aus der rein materialistischen Weltanschauung herauszuführen.

In den *US News* erschien im November 2007 ein Bericht über Crestone, einen kleinen Ort in den Rocky Mountains mit etwa 1500 Einwohnern. In diesem Artikel wurde eine sakrale indianische Zeremonie beschrieben, die von vier Priestern verschiedener Glaubensrichtungen durchgeführt wurde: Ein Christ, ein Buddhist, ein Hindu-Yogi und ein Shinto-Priester wirkten zusammen. In Crestone gibt es 19 verschiedene religiöse Gruppen. Einer meiner Freunde schrieb mir: »Deshalb lebe ich so gerne hier.«

Strecken wir uns in die Vielfalt des Halbmondes hinein, mal nach rechts, mal nach links. Erfahren wir, dass sich der eine Halbmond mit dem anderen Halbmond zum Vollmond ergänzt. Feiern wir unsere Vielfalt, indem wir als Menschen zusammenkommen, die eines gemeinsam haben: die Liebe zu sich selbst, den Nächsten und der Welt. Denn das ist ein und dasselbe.

»Und ich schaue mich um: Wer ist noch da?«

Wenn ich meine Augen die ganze Zeit geschlossen hatte, dann öffne ich sie jetzt. Waren sie offen und mein Blick eher nach innen gewandt, so richte ich ihn jetzt nach außen. Meine Arme sind hoch über den Kopf gestreckt, die Finger berühren sich, übereinander liegend.

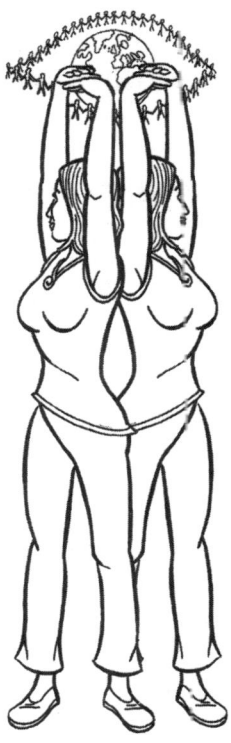

In dieser Haltung drehe ich meinen Oberkörper zuerst nach rechts, atme ein, und während ich mich zur Mitte zurückdrehe, atme ich aus. Dann nach links: Einatmend drehe ich den Oberkörper nach links und verweile kurz. Ich schaue mich um: Wer ist da oder was ist da? Ausatmend komme in die Mitte zurück und lasse nun meine Arme zu beiden Seiten sinken.

Ich werde mir bewusst, wer mein Leben mit mir teilt. Sind Menschen im Raum, die diesen Augenblick mit mir teilen, dann nehme ich sie jetzt wahr. Vielleicht verspüre ich Verbundenheit, Freude, vielleicht auch Irritation und Distanz. Alles ist in Ordnung.

Wenn ich alleine im Raum bin, dann sehe ich vielleicht die Fotos von mir nahestehenden Menschen an der Wand. Ein Sonnenstrahl stiehlt sich durchs Fenster und spielt mit den Schatten, die die Blätter eines Baumes werfen. Ich höre Geräusche, das Horn eines Notarztwagens, der ins nahe gelegene Krankenhaus fährt. All das ist da in meinem Leben. All das nehme ich wahr. All das nehme ich an.

Und jetzt beginne ich von Neuem mit meiner Reise, indem ich das Universum begrüße.

Ich schließe das gesamte Ritual ab, indem ich meine beiden Hände auf meinen Bauch lege und meinen Atem spüre.

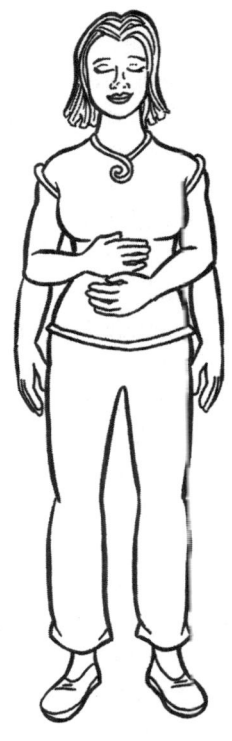

Es gibt Tage, da sind die einzelnen Teile der »Grüße an das Universum« herausfordernd. Manchmal dauert es lange, bis ich die Anspannung losgelassen habe und Freude und Liebe in meinem Herzen aufsteigen. Zuweilen spüre ich nichts, wenn ich die Erde berühre, oder mein Kopf fühlt sich leer an, wenn ich den Himmel grüße. All das ist in Ordnung.

Und dann gibt es Tage, an denen ich weiß: *Dies ist ein einzigartiger Augenblick! Ich fühle mich mit der Liebe meines Herzens verbunden, und er ist so wertvoll!* Je öfter ich dies tue, desto einfacher wird es.

Unser integriertes Gehirn schafft Frieden. Unser Herz schafft die Verbindung.

Neulich saß ich abends in der U-Bahn, neben mir eine müde Frau, zusammengesunken, die Kapuze über dem Kopf. Sie wirkte, als fahre sie von einem langen, anstrengenden Arbeitstag nach Hause. Sie starrte aus dem Fenster, manchmal fielen ihre Augen zu. Ich ging mit meinem Gewahrsein in mein Herz, atmete Liebe aus der unermesslichen Fülle ein und ließ die Liebe sich ausbreiten, wie ich es während der »Grüße an mich selbst« tue. Ich atmete wieder ein, und beim nächsten Ausatmen schickte ich Gefühle von Liebe, Wohlwollen und Verbundenheit zu dieser Frau. Äußerlich schaute ich weiter geradeaus.

Plötzlich setzte sich die Frau aufrecht. Sie warf mir einen prüfenden, unsicheren Blick zu und wandte sich dann wieder ab. In der Spiegelung der Scheibe sah ich, dass sie jetzt ganz wach war. Weiterhin ließ ich meine Gefühle von Wertschätzung und Liebe fließen, für alle meine Mitfahrer. Als die Frau zwei Stationen später ausstieg, lächelte sie mich an und verabschiedete sich mit einem Wort von mir.

Hier ziehe ich einen Bogen zum Anfang dieses Kapitels: Dieses wundervolle Gefühl von bedingungsloser Liebe strömt von mir in die Welt und zurück. Es entsteht aus der Verbindung. Ich produziere es nicht selbst. Ich empfange es, atme es ein, es wird mir geschenkt und ich bin bereit, das Geschenk anzunehmen. Damit verbinde ich mich mit dem Feld, und beim Weitergeben des Geschenkes wird die Verbindung noch stärker, der Fluss dichter. Und ich stehe in diesem Strom.

Während ich empfange, gebe ich, und während ich gebe, empfange ich. Keine Bewegung, keine Anstrengung, nur Ruhe. Ich stelle dieser heilenden Energie meinen Körper und meine Sinne zur Verfügung.

Es gibt hellsichtige Menschen, die Folgendes beobachtet haben: Durch die absichtslose Verbindung mit dem Feld bedingungsloser Liebe, dem reinen Gewahrsein, der Liebe im Herzen, die auch die Liebe Christi ist, löse ich mich auf und reorganisiere mich wieder auf einer höheren Ebene.

Die Wissenschaft und Gott

Wunder in der Physik

Der Quantenphysiker Bernard d'Espagnat, der 2009 den Preis der Templeton-Foundation für seine Arbeiten zum Verhältnis von Religion und Wissenschaft erhalten hat, provoziert seine rein naturwissenschaftlich ausgerichteten Kollegen mit folgender These: »... ich bin davon überzeugt, dass sich die Realität nicht in das enge Korsett einer rationalen Wissenschaft mit ihren beschränkten Kategorien von Ort, Raum und Zeit pressen lässt.« Für ihn beschreibt die Wissenschaft eine »empirische Realität«, das heißt, sie zieht logische Schlüsse, setzt Sachverhalte in Beziehung und sagt hypothetische Ergebnisse voraus. »Über die wahre Natur der Dinge ... liefert sie uns lediglich eine vage Vorstellung.« Auch die wissenschaftliche Modelle, auf deren Grundlage die im Gehirn ablaufenden biochemischen Prozesse abgebildet werden, sind für ihn »Schattenbilder«, und es fällt ihm schwer, nachzuvollziehen, wie diese einen Geist hervorbringen können. »Ich glaube in der Tat, dass Bewusstsein ... unerforschlich ist.« Er glaube »an eine grundlegende Wirklichkeit, die uns in jeglicher Weise überlegen ist.« (*GEO* 8/2009)

In der physikalischen Fachwelt wird in den letzten Jahren ein unerklärliches Phänomen diskutiert: die simultane Weitergabe von Information bei verschränkten Teilchen. Dabei ändern einstmals verbundene, dann aber getrennte Teilchen ihren Zustand gleichzeitig, egal ob sie 100 Meter, 100 Kilometer oder sogar Lichtjahre voneinander entfernt sind *(www.news4press. com/Genfer-Forscher-Stellen-Relativitaetstheo_382797.html)*. Damit breitet sich Information schneller als Licht aus, sozusagen gleichzeitig.

Der englische Quantenphysiker Terence Graham Rudolph kommentierte diese Ergebnisse folgendermaßen: »... in der Quantenmechanik wird das in unserer Vorstellungskraft herrschende Raum-Zeit-Gefüge überschritten.« Unserem Weltbild von einem dreidimensionalen Raum und einer eindimensionalen Zeit würden wir übertriebene Bedeutung beimessen: »Da steckt noch der Affe in uns.« (*Darmstädter Echo,* 21.8.2009)

Verschieben wir diese Grenzen, dann können wir Vergangenheit, Gegenwart und Zukunft gleichzeitig erahnen, dann gibt es Wirklichkeiten, von denen man nur den Schleier ziehen muss und wir stehen tief darinnen.

Wie unserer Überzeugungen unsere Gene prägen

Auch auf dem Gebiet der Biologie findet langsam, aber beharrlich ein Umdenken statt. Bruce Liptons tief greifende Erkenntnisse, die besagen, dass wir Menschen nicht die Opfer unserer Gene sind, schlagen sich mittlerweile in Studien wie folgender nieder:

Am Universitätsklinikum in Bonn forscht man darüber, wie zum Beispiel ein genetisch erhöhtes Thromboserisiko durch die Lebensführung beeinflusst wird. »Risikogene spannen den Hahn, den Abzug betätigt man selbst durch gesundheitsschädliche Lebensführung«, sagt der Studienleiter M. Look *(www3. uni-bonn.de/Pressemitteilungen/158-2009)*.

Fast unter der Hand ist also die jahrzehntelange Kontroverse »Umwelt versus Gene« beigelegt worden. Stillschweigend ist mittlerweile auch in Wissenschaftskreisen akzeptiert, dass wir Macht über die Ausprägung unserer Gene besitzen. Etwas mehr Bewegung kann zum Beispiel unsere Lebensqualität so verbessern, dass »Risikogene« gar nicht zum Tragen kommen.

Welch eine schöne und kraftvolle Erkenntnis! Sie macht uns Menschen frei ...

Dass die Gene nicht unser Leben bestimmen, hätte eigentlich längst klar sein müssen: Die hässliche Raupe des Schmetterlings trägt in jeder ihrer Zellen die gleichen Gene wie ihr späteres Alter Ego, der prachtvolle Schmetterling. Und doch sind sie grundverschieden.

Sogar im Hinblick auf das Geschlecht eines Menschen gibt es überraschende Entdeckungen: In Zürich wurde ein Mädchen geboren. Die Mutter hatte wegen ihres fortgeschrittenen Alters vorsorglich einen Gentest veranlasst. Das Baby hat XY-Chromosomen, ist also genetisch quasi ein Junge (die Gene von Mädchen enthalten normalerweise XX-Chromosomen). Zuerst glaubte man an einen Messfehler, doch das konnte ausgeschlossen werden. Und das Kind entwickelte sich zu einem äußerlich und hormonell normalen und gesunden Mädchen.

Die Erklärung der Wissenschaftler lautet: »Weil die Y-Information nicht abgerufen wird, konnte sich das Kind durch das verbleibende X-Chromosom zu einem Mädchen entwickeln.« (*GEO* 6/2009)

Was bedeutet das?
Es geht nicht darum, in welcher Sequenz die Basenpaare unserer DNA einander folgen. Das Entscheidende ist, wie und ob überhaupt die Information, die in unseren Genen gespeichert ist, abgerufen wird. Was nützt mir ein Schrank voll schöner Kleider, wenn ich den Schlüssel zum Schrank verloren habe? Das genetische Material von uns Menschen ist bis auf Feinheiten identisch. Der Unterschied in unserem individuellen Leben und in unseren Körpern wird höchstwahrscheinlich dadurch hervorgerufen, dass verschiedene Bereiche unserer Gene aktiviert und abgerufen, andere jedoch blockiert werden – und dass dieser Prozess von Mensch zu Mensch verschieden abläuft!

Mit der spannenden Frage der Epigenetik beschäftigen sich heute viele Biologen. Bruce Lipton beschreibt das sehr schön, indem er einen Ärmel hochzieht, der für die die Gene umgebende Proteinhülle steht. Der bloße Arm steht für die DNA-Helix. Damit öffnet sich die Information dieses spezifischen Bereiches auf den Genen. Sie können nun abgelesen werden. Wird der Ärmel wieder heruntergezogen, ist die Information nicht mehr verfügbar. Je nach Bedarf wird der Ärmel hochgezogen oder unten gelassen.
Lange wurde die Proteinhülle, die unsere Gene umgibt, wissenschaftlich völlig vernachlässigt. Heute wird intensiv darüber

geforscht, wie das Ablesen der Gene mittels der Einflussnahme auf die Proteinhülle gesteuert wird. Große Anstrengungen werden gemacht, um die menschlichen Proteine, von denen es weit mehr als Gene gibt, zu identifizieren.

Rein quantitative Ergebnisse sagen allerdings nichts über die tatsächlich ablaufenden Prozesse in der Zelle aus. Ausschlaggebend für die biochemische Reaktionsfähigkeit von Proteinen ist nämlich ihre dreidimensionale Struktur. Erst richtig gefaltet können Eiweiße ihre Aufgabe im Zellgeschehen optimal erfüllen. Doch welchen Regeln dieser für alles Leben unentbehrliche Mechanismus gehorcht, ist bis heute ein Rätsel.

Dr. Andrei Lupas, Direktor der Abteilung für Proteinevolution am Tübinger Max-Planck-Institut für Entwicklungsbiologie, hat versucht, das Rätsel zu lösen: »Wir sind nicht besonders dumm, doch niemand kann das berechnen. Ich habe es vierzehn Jahre lang versucht, dann habe ich es aufgegeben.« (*Die ZEIT,* 14/2009)

Nach seiner Ansicht ist für die korrekte und seinen Aufgaben in der Zelle gemäße Faltung eines Proteins nur eine minimale Energiemenge nötig.

Und hier lohnt es sich, genau hinzuschauen:

Proteine oder Eiweiße bestehen aus langen Ketten von Aminosäuren.

Diese Ketten bilden eine dreidimensionale Struktur in der Zelle. Nur durch die optimal gefaltete dreidimensionale Struktur kann ein Protein seiner Aufgabe in der Zelle gerecht werden.

Es existieren minimale Energiedifferenzen zwischen funktionsfähigen und nicht funktionsfähigen Proteinen.

Ich will das an einem plastischen Beispiel erklären:
Zwischen einem langen, entwickelten Wollfaden, einem daraus gehäkelten Topflappen und dem Wollknäuel, das aus dem aufgewickelten Faden besteht, gibt es bezüglich der Wolle keinen Unterschied. Auf molekularer Ebene ist alles das Gleiche. Aber jede dieser drei Anordnungen von Wolle entspricht einer bestimmten Aufgabe:
Der Topflappen schützt vor Verbrennungen.
Wenn ich mit dem Wollknäuel die heißen Henkel eines Topfes anfasse, wäre die Hitze ein bisschen gemildert; besonders funktionell und komfortabel wäre es trotzdem nicht. Natürlich ist Wolle in Form eines Knäuels hervorragend dazu geeignet, transportiert zu werden.
Der einzelne Wollfaden kann mich nicht vor Verbrennungen schützen. Andererseits brauche ich den abgewickelten Faden, wenn ich ihn verarbeiten möchte. Will ich häkeln oder stricken, wird das Knäuel abgerollt.

Das Beispiel mag banal klingen, macht aber deutlich, worum es geht: Die dreidimensionale Struktur einer Eiweißkette entscheidet darüber, wie gut sie ihre Funktion in der Zelle erfüllen kann. Viele neu gebildete Proteinmoleküle gewinnen nie ihre optimale dreidimensionale Faltung und müssen wieder abgebaut werden. Das ist so ähnlich, als würde ein Wollknäuel als Topflappen in meiner Küche liegen, und nachdem ich mir die Finger verbrannt habe, würde ich es entsorgen.
Die veränderte räumliche Gestalt von Proteinen kann für den Menschen sogar gefährlich werden. Ein Beispiel dafür sind Prione, die Erreger des Rinderwahnsinns. Sie werden zu tödlichen

Krankheitserregern (*Die ZEIT* 14/2009). Der schon zitierte Andrei Lupas sagt dazu, auch für die Natur sei das Problem offenbar extrem kompliziert: »Ich glaube, sie hat es nur einmal lösen können, am Ursprung der Evolution.«

Doch anscheinend funktionieren die kompliziertesten biochemischen Prozesse im Großen und Ganzen wunderbar und nachhaltig. Schließlich leben wir als hochkomplexe Wesen mit unglaublichen Fähigkeiten, ohne viel dafür tun zu müssen.
Ich weise noch einmal darauf hin: Minimale Energiedifferenzen bewirken, dass Proteine ihre dreidimensionale Faltung einnehmen. Die optimale Faltung ist die Voraussetzung zum Wahrnehmen ihrer Funktion in der Zelle.
Dieses Wissen verbinde ich jetzt mit unseren Erkenntnissen über Kohärenz:
Liebe, die in unserem Herzen entsteht, und ein Hirn, das dieser Liebe dient, können die Kohärenz herstellen, die unser Körper, unsere Organe, unsere Zellen bis hin zu unseren Molekülen brauchen, damit unsere Körperprozesse optimal ablaufen.
Was wäre, wenn die unterbewusst vorhandene Überzeugung »Ich liebe mein Leben« genau so eine minimale Energiemenge wäre, die ein Protein braucht, um seiner Zelle angemessen dienen zu können?
Stellen wir uns vor, dass die unterbewusste Überzeugung »Ich liebe meinen Körper« genau die Energiemenge bereitstellen würde, die die Proteinmoleküle zur lebensfördernden Faltung brauchen.
Oder es könnte sein, dass – im entgegengesetzten Fall – der unterbewusste Glaubenssatz »Ich hasse mich« eine Energie-

menge darstellt, die zu einer suboptimalen Faltung des Proteins führt.

Energien die beim Denken von Überzeugungen entstehen, sind so minimal, dass sie mit den heutigen Messmethoden nicht erfassbar sind. Aber jeder von uns weiß, dass ein Mensch, der sich zutiefst liebt, eine andere Energie ausstrahlt als ein Mensch, der sich hasst. Wir haben feine Sensoren, um den Unterschied zu bemerken. Und diese Energie strahlt er sowohl nach außen aus als auch nach innen. Jede Stockung des Herzens, jede Irritation hat innerliche und äußerliche Konsequenzen.

Ein tiefes Gefühl von Dankbarkeit, Liebe oder Demut kann eine Schwingung in unserem Herzen auslösen, die sich auf unsere Organe überträgt – und die genau die Energie bereithält, damit Prozesse auf molekularer Ebene in unseren Zellen optimal ablaufen können. Somit würde die Bildung des einen Proteins in diejenige des anderen greifen, DNA und RNA entsprechend abgelesen werden und alles »wie geschmiert« funktionieren. Alles wäre im Fluss. Wie innen, so außen.

Weitere spannende wissenschaftliche Erkenntnisse besagen, dass der größte Teil unserer DNA gar keine Gene enthält. Der deutsche Biophysiker Fritz-Albert Popp fand heraus, dass die DNA ein schwingungsfähiges System ist, dessen Schwingungsmuster mit einer Frequenz von 150 Megahertz von den biophysikalischen Eigenschaften des Moleküls abhängen, nicht von der Sequenz der Basenpaare. Der russische Biophysiker Pjotr Garjajev entdeckte seinerseits, dass die DNA die in dieser Schwingung enthaltenen Informationen senden, empfangen und speichern kann (*Zeitpunkt* 105, S. 35).

Weiterhin kamen die Moskauer Forscher um Garjajev, zu denen auch Linguisten gehörten, zu folgenden bahnbrechenden Erkenntnissen: Mit einem Laserstrahl kann man das Wellenmuster der genetischen Information selbst beeinflussen. Man braucht nicht einmal in mühevoller Arbeit die Sprache der Basenpaare zu entschlüsseln, um daraus künstlich genetische Informationen zu formulieren, sondern man kann ganz einfach Worte und Sätze der menschlichen Sprache benutzen! Das funktioniert, da die essentielle Grundlage aller Sprachen die Gleiche ist.

Auch diese verblüffende Schlussfolgerung konnte die Moskauer Forschergruppe bereits experimentell unter Beweis stellen. DNA-Substanz in vivo (das heißt im lebenden Gewebe, nicht im Reagenzglas) reagiert auf sprachmoduliertes Laserlicht, ja sogar auf Radiowellen, wenn man die richtigen Resonanzfrequenzen einhält *(www.fosar-bludorf.com/archiv/biochip.htm)*.

Eine kohärente Schwingung im Körper, unterstützt durch Überzeugungen im Kopf, die Menschen stärken, kann also von der DNA in unseren Erbanlagen wahrgenommen werden. Die Schwingung von Sprache wird verstanden, empfangen und gesendet. Garantiert wird auch die Schwingung des Herzens verstanden. Unser gesamter Körper schwingt, das Herz ist das große Pendel, auf das sich alles andere, vom kleinsten Molekül bis zum größten Organ, kohärent einschwingt.

Vielleicht bedeutet »Heilung« dann auch, dass wir aus einem Zustand der Enge, der Blockade, des »Aus-der-Kohärenz-gefallen-Seins« wieder in einen Zustand der kohärenten Schwingung auf allen Ebenen gelangen. Und dafür müssen wir nur unseren Geist, unser Gehirn öffnen und unser Herz wirken lassen. Und uns und andere lieben, anstatt partout auf der Seite der »Rechthaber« und Gewinner stehen zu wollen.

Die Frage, die sich stellt, ist: Lasse ich dieses Wunder zu?

Das Schwerste und Einfachste zugleich: uns selbst lieben

Wann sind wir am weitesten vom harmonischen Zusammenspiel von Hirn und Herz entfernt? Wann fühlen wir uns am wenigsten »ganz«? Wann empfinden wir uns nicht in Balance, sondern getrennt, einzeln, verloren, vielleicht sogar schuldig oder ungenügend? Das passiert dann, wenn uns nicht unser aus zwei sich ergänzenden und kooperierenden Hälften zusammengesetztes Gehirn zur Verfügung steht, sondern wenn wir aus der Dominanz einer Hirnhälfte heraus urteilen und verurteilen, wenn wir bewerten – und darunter leiden. Weit weg vom Zustand des Gleichgewichts – sei es auf molekularer Ebene oder im Hinblick auf die Balance zwischen unseren beiden Gehirnhälften – sind wir immer dann, wenn eine unerwartete und ungeliebte Veränderung eintritt.

Auf zellulärer Ebene bedeutet das: Molekulare Schaltkreise werden blockiert und Rückkopplungen finden nicht statt. Moleküle, die dich glücklich machen könnten, werden nicht produziert. Entspannung kann nicht eintreten, denn die Voraussetzungen fehlen.

Unser Körper funktioniert durch ein endloses System von Rückkopplungsschleifen. Ständig geben und erhalten die körpereigenen Systeme eine Rückmeldung und justieren sich dadurch wieder neu. Angestrebt wird ein Zustand der Homöostase, des Fließgleichgewichts. Es ist ein Zustand der Balance, in dem jede Körperzelle das gibt, was sie kann, und das erhält, was sie braucht. »Fließgleichgewicht« heißt es deswegen, weil der Gleichgewichtszustand in Nancsekunden aufgehoben wird und wieder eintritt. Auf der molekularen Ebene werden die Informationen, die über die ständigen Unterschiede berichten, aus Eiweißen – Proteinen – gebaut. Auf der Geistesebene repräsentieren unsere Empfindungen diesen Fluss des Lebens. Proteine lassen sich also in Empfinden umsetzen.

Uns geht es gut, wenn auf jeder Ebene – von der zellulären bis zu unserer individuellen als ein Körper, ein Mensch – immer wieder das Gleichgewicht hergestellt wird. Es ist gut, diesen Zustand wahrzunehmen und ihm folgen zu können. Leugnung, Blockaden und Traumata blockieren auf der Körperebene die Produktion von Molekülen, die der Harmonisierung unseres Lebens dienen.

Der Zyklus der Veränderung

Candace B. Pert berichtet in ihrem Buch *Moleküle der Gefühle* (S. 421): »Es war kurz nach meiner Scheidung von Agu. Als Caroline mich fragte, wie es mir gehe, antwortete ich, gut, alles sei freundschaftlich und zivilisiert abgelaufen. Doch sie unterbrach mich mitten im Satz.

›Du lügst‹, sagte sie mir auf den Kopf zu. ›Natürlich tut es noch weh.‹

Ich fühlte mich durchschaut.

›Weißt du nicht, dass das die sicherste Art ist, Krebs zu bekommen? Indem du deine Gefühle verbirgst, sie leugnest oder verdrängst?‹«

Damit bei Situationen, die uns aus der Bahn zu werfen drohen, Wahrnehmen, Loslassen und Vergebung stattfinden können, stelle ich im Folgenden den Zyklus der Veränderung vor. Ich empfinde es als eine Hilfe, zu wissen, dass ich nicht der erste Mensch bin, der das alles durchmacht, und dass es bestimmte Phasen gibt, die bei der Bewältigung von Leid immer wieder auftreten. Anhand eines Wegweisers durch die Phasen, die jeder ungeliebten Veränderung innewohnen, wird deutlich, dass die Gefühle von Ohnmacht oder Depression, von Schmerz, Wut und Trauer Schritte in einem Prozess sind, der zum Loslassen und zu einem Neuanfang führt.

Wie lange es dauert, bis wir die einzelnen Phasen durchschritten haben, hängt von unserer Fähigkeit ab, das Leben nicht nur in linkshirniger Dominanz zu erleben, sondern auch Zugang zu unserer rechten Gehirnhälfte zu finden, durch die wir die Schönheit im Schmerz erleben können. Auch das Dunkle ist göttlichen Ursprungs! So kann der Zeitraum vom Zeitpunkt des Verlustes bis zum Loslassen und Neuanfang nur Tage oder Stunden betragen, wenn man sich aufgehoben, geborgen und als Teil des Universums fühlt. Oder man kann Jahre leiden, falls man hadert und festhält an dem, was nicht mehr da ist.

Dr. Jill B. Taylor erklärt, dass es tatsächlich nur 90 Sekunden dauert, bis alle physiologischen Reaktionen, die durch einen Schaltkreis von Gedanken und Emotionen ausgelöst werden, durchlaufen sind. Nach nur 90 Sekunden sind die Hormonkaskaden gefallen, haben sich alle beteiligten Moleküle im Fluss des Körpers aufgelöst. Natürlich passiert es ganz oft, dass wir den Schaltkreis wieder auslösen, und die Reaktionen beginnen von Neuem. Allerdings haben wir auch die Möglichkeit, an den Ort des Friedens zu gehen, statt die sich ständig wiederholende Wut und Verzweiflung zu wählen.

Machen wir uns das klar: 90 Sekunden! Nach nur 90 Sekunden können wir die nächste Phase wählen. Wir sind dann durch Trauer und Verlust gegangen, wir haben am eigenen Körper erfahren, um was es geht, aber wir haben dem Leid nicht unser Leben gewidmet. Nach 90 Sekunden haben wir die Chance, neu zu wählen und weiterzugehen.

Erste Phase:	Betäubung und Schock
Zweite Phase:	Schmerz und Trauer
Dritte Phase:	Wut und Verhandeln
Vierte Phase:	Depression und Erinnern
Fünfte Phase:	Akzeptieren und Annehmen
Sechste Phase:	Loslassen und Neubeginn

Die Verarbeitung eines ungewollten und unerwarteten leidvollen Geschehens ist kein linearer Prozess mit einem Anfang und Ende, sondern ein zyklisch verlaufendes Geschehen mit offenem Ende, ein dynamischer Prozess, der nicht vollständig vorhersagbar und planbar ist. Die Übergänge sind fließend; häufig kommt es zu einem Hin und Her zwischen den Phasen, einschließlich »Rückfällen« in bereits durchlebte Phasen. Auch müssen die Phasen nicht unbedingt aufeinander folgen; sie können sich überlappen und mehrmals hintereinander auftreten. Daraus ergibt sich aus zeitlicher Distanz betrachtet eine spiralförmige Entwicklung bis zu unserem Tod.

Die eigene Aufgabe und die Chance in einem Zyklus der Veränderung (abgeleitet aus dem Trauerzyklus von Elisabeth Kübler-Ross) besteht darin, den Verlust als einen Teil des eigenen Lebens zu begreifen und die Chance zu erkennen, die sich darin verbirgt. »Wenn sich eine Tür schließt, öffnet sich eine andere« – so wird das bis über unser Leben hinaus sein! Es geht darum, die Veränderung ins eigene Lebenskonzept zu integrieren und daran zu wachsen. Das bedeutet auf körperlicher Ebene, dass wir immer wieder aus dem Zustand der Kohärenz geworfen werden und wir ihn immer wieder anstreben.

Die tiefen Gefühle im Zyklus der Veränderung suchen ihre Entfaltung und führen zu neuem Leben auf einer anderen Ebene. Neue Perspektiven auf völlig ungeahnten Ebenen können sich daraus ergeben. Und wir können wählen: Lassen wir uns auf die Phasen der Veränderung ein, nehmen wir sie an, dann können wir auch den nächsten Schritt tun. Anders sieht es aus, wenn wir uns an alles Mögliche klammern, das wir nicht mehr brauchen, und uns darüber hinaus selbst verurteilen, sobald wir das erkennen. Stattdessen geht es darum, loszulassen und zu vergeben – uns selbst in erster Linie, dann dem anderen. Von diesen beiden Optionen hängt es ab, wie schnell wir weitergehen und in den nächsten Zyklus eintauchen. Denn Wandel ist allgegenwärtig.

Zu welchem Zeitpunkt steht unsere Fähigkeit zur Selbstannahme mehr auf dem Prüfstand als im Augenblick unerwarteter und ungewollter Veränderung? Sofort beginnen wir zu urteilen und zu verurteilen: Wer ist schuld? Du – oder ich – oder ein anderer? Tatsächlich geht es darum, aus der leidvollen Abwärtsspirale der Verurteilung auszusteigen und uns bejahend anzunehmen: den anderen – aber zuerst einmal mich! Und zwar in jeder der Phasen der Veränderung.

Erste Phase: Betäubung und Schock

Gestern Abend war ich im Kino. Ich sah den Film »Breath made visible«, der das Leben Anna Halprins beschreibt, einer mittlerweile 89-jährigen Tänzerin. Eine ihrer essenziellen Aussagen war: »Zuerst stellst du fest, um was es bei dir geht. Und dann entscheidet es sich: Hast du den Mut, dem ins Gesicht zu schauen?«

Manchmal ist der Mut nicht oder noch nicht groß genug. Das hat seinen Sinn, denn vielleicht würden wir an der Wahrheit zerbrechen, weil wir noch nicht die Mittel haben, dem Schmerz zu begegnen und ihn zu transformieren. Wir brauchen Zeit.

Wir stehen unter Schock. Bei Tieren folgt der Schockzustand oft einer Flucht oder einem Kampf – sie sind dann bewegungsunfähig. Unser menschlicher Körper leidet manchmal nach einem Unfall oder einer Verletzung unter einem physiologischen Schock. Er tritt in einen Zustand, der »Freeze« genannt wird: Unsere Reaktionen sind wie eingefroren; wir empfinden keine Schmerzen, und das Blut fließt nicht. Trotzdem organisiert unser Körper die notwendigen Prozesse, damit wir am Leben bleiben.

Genauso ergeht es uns, wenn wir auf psychischer Ebene einen großen Verlust erfahren. Wir trennen uns von einem nahen Menschen, ein Verwandter stirbt, wir verlieren unsere Arbeit. Plötzlich und unerwartet – alles ist zu viel.

In diesem Zustand fühlen wir uns wie in Watte gepackt. Wir stehen gleichsam unter Narkose, sind wie betäubt. Wir organisieren die Todesanzeige, das Begräbnis, die Zusammenkunft mit Bekannten und Freunden. Mit dem Pfarrer sprechen wir über das Leben unseres Verstorbenen und bitten ihn, bestimmte Einzelheiten zu erwähnen. Wir suchen die Musik für die Trauerfeier aus – wir funktionieren.

Es gibt Menschen, die nach einer Kündigung wie gewohnt aus dem Haus gehen; sie erzählen ihrer Familie nichts und kommen am Abend zur üblichen Stunde wieder heim. In der Zwischenzeit umkreisen sie mit dem Fahrrad in weitem Bogen die Firmenzentrale.

Das sind Beispiele für das Leben im Schockzustand. Ziel ist, dass wir prinzipiell am Leben bleiben, dass wir atmen, uns bewegen, verdauen, dass die Grundfunktionen des Lebens aufrechterhalten werden – trotz der schockierenden Veränderung.

Meine Erfahrung im Schockzustand ist: Ich will schlafen. Ich will abhängen. Ich bin müde und ich sitze herum und starre in die Gegend. Ich lasse die Erschöpfung zu. Ich erlaube mir, schnell erschöpft zu sein. Ich meditiere. Und wieder: abhängen, schlafen, alleine sein wollen – mich regenerieren. Nicht reden müssen. Einen Rückzugsort haben, der mir Schutz bietet. Wie die Katze, die ihre Wunden an einem versteckten und geschützten Ort leckt. In Gegenwart anderer Menschen bin ich wie ferngesteuert. Ich will möglichst niemandem in die Augen blicken. Dennoch: Ich bin in Ordnung, auch so, wie ich gerade bin. Für mich sein. Mir Gutes tun. Mich draußen aufhalten, alleine. Spazieren gehen, aber nur so viel Bewegung, wie es mir Spaß macht, nur was leicht ist. Kein Davonrennen. Keine Anstrengung. Die Erschöpfung jederzeit zulassen, sie mir eingestehen. Wieder schlafen. Und wieder auf die Bäume oder in den Himmel schauen. Ich bin immer okay.

Einige Empfehlungen, mit denen ich gute Erfahrungen gemacht habe:

Ich lasse meine Erschöpfung zu.
Ich sage zu meinen Kindern: »Ich kann gerade nicht zuhören. Ich bin traurig.«
Ich sage zu meinen Freunden: »Ich will jetzt nicht reden, ich möchte alleine sein.«
Ich erlaube mir, Zeit für mich zu haben, in der ich nichts tun muss.
Ich kann einfach dasitzen und atmen.
Ich genieße ein warmes Bad.
Ich halte Mittagsschlaf.
Ich gehe früh ins Bett.

Ich gehe dahin, wo ich mich geborgen fühle.

Ich spüre, wie mich die Kuscheldecke wärmt.

Ich merke, dass ich Schritte machen kann: einen Fuß vor den anderen setzen, links, rechts.

Am nächsten Tag mache ich ein paar Schritte mehr, gehe zum Einkaufen in ein etwas entfernteres Geschäft.

Ich gehe nur ans Telefon, wenn ich mit jemandem sprechen will.

Tatsächlich – ich gehe.

Eine stärkende Überzeugung:
Ich bin gehalten und geborgen.

Langsam, aber spürbar kommen wir wieder in das (rechtshirnige) Gefühl von Frieden und Verbundenheit.

Vor Kurzem bekam ich folgende Nachricht: In der Steiermark (Österreich) wird das Schulfach »Glück« eingeführt. Spezialisten wurden zu diesem Thema angehört. Deren Kernaussage war: »Sein Glück hat man zum großen Teil selbst in der Hand.« Und die drei grundlegenden Ingredienzen sind:

- genug Schlaf
- gutes, gesundes Essen
- soziale Kontakte, Freundschaften

Ich würde dieser Liste noch die Freude an der körperlichen Bewegung, vor allem in der Natur, hinzufügen.

Nach dem Tod meiner Mutter fuhr ich für ein paar Tage alleine in die Berge. In der Nähe gab es ein Schwimmbad, in dem man auch im Winter im Freien schwimmen konnte. Es war Nacht, das Wasser trug mich, während ich auf dem Rücken lag und den Kopf auf den Beckenrand gelegt hatte, und aus dem Himmel schneite es auf mich herab. Die Schneeflocken, die auf meinem Gesicht schmolzen, vermischten sich mit den Tränen, denen ich endlich erlaubte, zu fließen.

Zweite Phase: Schmerz und Trauer

Tiere, die etwas Dramatisches erleben, werden selten auf längere Zeit traumatisiert. Sie ziehen sich zurück und lecken ihre Wunden, bis sie wieder zu Kräften kommen. Und das können wir auch tun.

Irgendwann lässt die Betäubung nach. Wir wachen auf. Es ist tatsächlich so, als würden wir aus der Narkose erwachen. Alles tut weh. Wir wissen nicht genau, wie das alles passieren konnte. Wir wachen nachts auf und weinen. Wir wachen auf und denken, wir haben geträumt, das kann nicht die Realität sein. Das Herz tut weh. Druck liegt auf der Brust, keine Luft zum Atmen, die Kehle zugeschnürt.

Als mich einmal ein großer Schmerz überwältigte, lag ein Klotz auf meinem Brustkorb; ich konnte einfach nicht tief einatmen. Andere Menschen haben Verdauungsstörungen, sie erbrechen oder haben Durchfall, sie können das Geschehene nicht verdauen. Was tun, wenn der Schmerz wahr wird und es jetzt richtig blutet?

Die gute Nachricht ist: Das Blut strömt nun wieder, das Leben kommt erneut in Fluss. Die schlechte Nachricht ist: Wir könnten verbluten. Deshalb sollten wir alles tun, damit unsere Wunden heilen. Doch dabei stehen wir uns meist selbst im Weg.

Oft lodern Scham und Schuld innerlich auf und vermischen sich mit dem Schmerz. Wir stochern in unserer Wunde herum: »Schon wieder habe ich es nicht geschafft, eine gute Beziehung zu haben!« Oder: »Niemals werde ich eine gute Mutter sein!« Wir klagen an: uns selbst, wahlweise verschiedene Beteiligte, das Schicksal. Wir fühlen uns schuldig oder sprechen andere schuldig für das, was uns geschehen ist – zwei Seiten einer Medaille. Wir sind gefangen im Paradigma des »Rechthabens« – auch uns selbst gegenüber.

Wie verhindern wir die ständige Aktivierung des immer gleichen Schaltkreises? Wie kreieren wir einen neuen Schaltkreis von Gedanken und Emotionen?

Auch in der Phase des Schmerzes gilt als wichtigstes Prinzip: Mich annehmen, so wie ich bin. Zuerst einmal dazu stehen, dass ich diese Schmerzen habe, dass ich denjenigen oder diejenigen, die mir diese Schmerzen zugefügt haben, manchmal hasse, dass ich mich selbst hasse und verurteile. Dass es sowohl lichte Momente gibt, in denen ich verzeihen und loslassen kann, als auch dunkle, in denen ich verletzend und nachtragend bin. Auch die dunklen Tage gehören zu dem einen Leben.

Das Prinzip »Lieb haben statt recht haben« kommt ins Spiel. In dieser Situation zählt, ob ich in »Entweder-oder«-Kategorien denke oder im System des Sowohl-als-auch. Und falls ich mich zu Letzterem bekenne: Lasse ich dieses gnädige Prinzip auch mir gegenüber gelten? Gestatte ich mir Gnade? Kann ich mich annehmen in Zuständen, die nicht gerade erleuchtet sind und meinen Ansprüchen an mich selbst in keiner Weise entsprechen? Jetzt geht es darum, mich zu akzeptieren, auch wenn ich mich auf der Gefühlsebene »spirituell nicht korrekt« verhalte. Ich erlaube mir tatsächlich zu fühlen, anstatt mir mit dem Verstand vorzugeben, was ich zu fühlen habe. Ich will den Schleier wegziehen, der die Beziehung zu mir selbst verbirgt. Hier steckt die größte Herausforderung – und zugleich auch ein enormes Potenzial!

Um auf meine Geschichte am Anfang zurückzukommen: Gestehe ich mir innerlich den »Obdachlosenmodus« zu? Liebe ich mich genau jetzt – jetzt, wenn mich kein anderer Mensch mehr für liebenswert hält oder ich hundertprozentig davon überzeugt bin, dass mich niemand mag?
Es geht darum, zu mir zu stehen, auch wenn ich alle meine früher nach außen vertretenen Ansprüche verrate, weil ich nicht anders kann oder weil der Schmerz mich überschwemmt. Liebe ich mich »bedingungslos«? Jetzt ist der Ernstfall.

Es gibt Menschen, die nach bestimmten Ereignissen nie aus der Betäubung erwachen, sei es, dass sie sich bewusst betäuben, zum Beispiel durch Alkohol, Drogen oder Essen, oder unbewusst durch Laufen, Arbeiten usw. Oder sie versuchen, das zu fühlen, was sie fühlen sollten, also von außen gesetzten Ansprüchen zu genügen.
Tatsächlich erleben wir den Schmerz, wenn wir dazu bereit sind. Gregg Braden sagt dazu in seinem Buch *Verlorene Geheimnisse des Betens:* »Schmerz ist der Lehrer, Weisheit die Lektion.« Und

weiter: »Nur dann, wenn wir bereits alle emotionalen Werkzeuge besitzen, um unseren Schmerz zu heilen, ziehen wir Erfahrungen an, die unser Können unter Beweis stellen.« (S. 165)

Manchmal erscheint uns die leidvolle Veränderung wie eine dunkle Nacht der Seele. Auch Gregg Braden berichtet davon. Ursprünglich beschreibt der christliche Mystiker Johannes vom Kreuz (gestorben 1591) die »dunkle Nacht« als einen Transformationsprozess, den es auszuhalten und zu durchleben gilt, um sich letztendlich mit der Liebe Gottes zu vereinigen. Der Mensch, der schon erste Erfahrungen des göttlichen Lichtes und der göttlichen Liebe gemacht hat, steht plötzlich völlig im Dunkeln und macht die Erfahrung von »Nicht-Wissen« oder »Nicht-Erkennen«. Es geht darum, weltliches Begehren loszulassen und zu begreifen, dass die Sehnsucht nach Gott oder nach allumfassender Liebe nicht durch weltliche Dinge zu befriedigen ist. Johannes vom Kreuz unterscheidet die passiv erlebte und die aktiv erfahrene »dunkle Nacht«. Er fordert dazu auf, die von Gott gegebene Nacht zu einer »aktiven Nacht« zu gestalten (siehe Reinhard Körner, *Diagnose »dunkle Nacht«: Eine Lesehilfe zu den Schriften des hl. Johannes vom Kreuz*).

An diesem Punkt in unserem Leben verengt sich alles und wir werden unweigerlich wie von einem Sog durch die engste Stelle gezogen. Wir lassen Federn dabei. Wir haben Schmerzen. Stell dir vor, du wirst vom Wasser durch eine Engstelle in einem Wildbach gezogen. Du weißt nicht, was dahinter kommt, es könnte ein Abgrund sein. Du kämpfst, klammerst dich an einem Stein fest, hast riesige Angst, loszulassen. Am

Ende erlahmt deine Kraft und du treibst wie ohnmächtig durch das Wasser – und atmest auf. Tatsächlich, du kannst wieder atmen. Da ist Licht, Leben, Energie. Ja, wenn du das vorher gewusst hättest, hättest du dich ganz locker treiben lassen. Aber du hattest kein Vertrauen.

Manche Menschen klammern sich ihr gesamtes Leben an den Stein vor der Engstelle. Dabei haben wir Erfahrung mit dem Übergang durch Engpässe. Jeder von uns hat mindestens einmal einen solchen erlebt, sonst wäre er nicht hier. Der Übergang ins Leben durch unsere Geburt ist im wahrsten Sinne des Wortes der Weg durch einen engen Gang ins Tageslicht. Und der Weg vom Leben durch den Tod in das Sein danach wird als der »Gang durchs Nadelöhr« beschrieben (Peter A. Levine).

In meinem Leben geschah das immer wieder: die »dunkle Nacht«. Bewusst erlebte ich sie das erste Mal mit 30 Jahren, als ich dachte: *Das kann nicht sein! Nicht wieder völlig neu und von vorne anfangen. Ich habe schon alles erlebt, alles erledigt, nichts Neues kann mehr kommen. Weder Lust noch Energie, geschweige denn Liebe zum Leben steckt in mir.*
Wie viel Wunderbares ist mir seither passiert! Wie schade wäre es gewesen, hätte ich das nicht erleben dürfen.
Und trotzdem: Leben während und nach einer dunklen Nacht fühlt sich an, als müsste ich alles neu lernen, jeden Schritt einüben, wieder anfangen, durch viele Unsicherheiten gehen. Manchmal bin ich dessen müde. Doch allmählich, ganz von selbst, merke ich dann, dass sich das Leben wieder lohnt.

Während des Schreibens hatte ich das Glück, eine Sprachpädagogin kennenzulernen. Sie demonstrierte mir diesen Zyklus in der deutschen Sprache, wie er mit der Aussprache der Vokale durch unseren Kehlkopf verbunden ist:

a: wie »atmen, anfangen, auch Angst, alles umfangen« – Weite
e: wie »Enge, Grenze, Esel, Abgrenzung« – es wird enger
i: wie »ich, bin, ich bin ich, Linie« – eine gerade Linie, die engste Stelle im Kehlkopf
o: wie »OM, Ohr, oh« – der Fluss des Atems wird wieder breiter und tiefer
u: wie »Uhu, Uhr, Universum« – jetzt verströmt sich der Atem in eine neue Landschaft hinein

Wir können aus dieser Erfahrung lernen. Das Leben meint es gut mit uns, wenn wir es gut mit uns meinen. Die dunkle Nacht der Seele gibt uns die Möglichkeit, unsere Kraft, unsere Fähigkeiten und unsere Macht zu entwickeln und zu erproben. Ohne Widerstand – wir können auch sagen: ohne Rückmeldung – gibt es keine Entwicklung. Alle Energien würden verpuffen, ohne sichtbar zu werden.

Als ich durch eine dunkle Nacht der Seele ging, begann ich mit einer neuen »Strategie«: Ich segnete. Sooft mich der Schmerz überflutete, wenn ich schwach wurde oder Vorwürfe und Schuldzuweisungen in mir aufstiegen, dann segnete ich. Ich saß zum Beispiel da und fühlte den Hass und die Wut gegen einen Menschen in mir aufsteigen und ich dachte: *Ja, gerade hasse ich ihn – und jetzt segne ich mich, genau so, wie ich eben bin. Und ich segne ihn. Und ich segne alle, die damit zu tun haben.*

In einem anderen Fall dachte ich: *Wie konnte ich mich nur auf so etwas einlassen?* Im selben Moment, in dem ich mich bei dieser Selbstverurteilung ertappte, ging ich in den Zustand des Segnens: Ich öffnete mein Herz und segnete mich, gerade so, wie ich in diesem Augenblick war, nämlich mich selbst verurteilend. Und ich segnete den anderen Menschen und ich segnete alle an der Situation Beteiligten.

Durch das Segnen öffne ich das Tor in meinem Gehirn. Ich lasse Frieden ein. Ich verbinde mich – manchmal nur für einen winzigen Augenblick – mit dem, was ich die »Universelle Kraft«, das »Große Ganze« oder »Gott« nenne. Und der Schmerz ebbt ab. Der Hass weicht zurück. Die Selbstverurteilung zerfließt. Und ich erkenne: Eine Wunde ist gerade in mir geheilt worden. Ich habe etwas erlebt, vor dem ich mich fürchtete und von dem ich dachte: *Das überlebe ich nicht.* Und jetzt bin ich hier, erwachsen, fähig, lebendig. Ich überlebe den Schmerz. Und ich kann segnen. Mir geht es doch tatsächlich gut – im Jetzt, mit dem Zugriff auf meine beiden Gehirnhälften. Ich sitze hier und erfahre das Geschenk meines Körpers. Ich atme. Ich sehe, ich spreche, ich höre. Ich empfinde – Schmerz – in einer Intensität, die gerade mein Leben ausmacht. Dafür bin ich dankbar.

Zwei Dinge konnte ich lernen: Mir wirklich ins Gesicht zu sehen und zu akzeptieren: *Ja, das fühle ich in diesem Augenblick.* Dieser Ort der Akzeptanz und Annahme von uns selbst ist ein heiliger

Ort. Es ist der Ort der bedingungslosen Liebe zu uns selbst. In diesen Momenten gilt tatsächlich: Wenn nicht wir, wer dann? Wenn wir uns jetzt nicht lieben, wer sollte es dann tun? Unser göttlicher Anteil ist immer für uns da, vergebend, verzeihend, annehmend. Von diesem Ort aus, wo wir unser Wesen, so wie es jetzt ist, annehmen, können wir überall hingehen.

Eine stärkende Überzeugung:
Ich liebe mich bedingungslos.

Um noch einmal zu den erwähnten 90 Sekunden zu kommen: Ich hege Gefühle von Hass, Angst, Sehnsucht oder Liebe, aber das bedeutet nicht, das ich das *bin*. Wie gesagt, nach 90 Sekunden kann ich neu wählen! Meine Emotionen sind eine Moment-aufnahme. Fünf Minuten später kann ich ganz anders fühlen.

Ein Bekannter, der zwei Monate durch Australien reiste, erzählte mir: »Eines habe ich auf dieser Reise gelernt: Wenn ich morgens auf einer schlechten Straße fuhr, kam bis zum Abend garantiert eine gute Straße, auf der das Fahren richtig Spaß machte.«
Wie lange hält Schmerz an? Geh hinein und probiere es aus! Lass los und erlebe etwas Neues! Sag: »Ah, das ist ja interessant – und was kommt jetzt?« Wir werden merken, dass er gar nicht so lange andauert.
Statt unsere Lebenskraft zu verlieren und in die Depression zu gehen oder den Mitmenschen die Ohren vollzujammern, sollten wir die Kontrolle aufgeben und zulassen, dass etwas Außerge-wöhnliches passieren darf. Statt uns an den letzten Stein vor

der Engstelle zu klammern, sollten wir den Schmerz annehmen, um ihn loslassen zu können.

Dem Schmerz ins Gesicht zu sehen, durch die Engstelle zu treiben und die Schönheit darin zu erkennen, gibt Macht über das eigene Leben.

Khalil Gibran beschreibt die Schönheit des Schmerzes:

Dein Schmerz ist das Aufbrechen der Schale,
die dein Verstehen umschließt.
So wie der Stein von Obst aufbrechen muss,
damit sein Herz die Sonne sehen kann,
so musst auch du den Schmerz kennenlernen.
Und könntest du in deinem Herzen
das Staunen über die täglichen Wunder
des Lebens aufrechterhalten,
dann würde dir der Schmerz nicht weniger
wundervoll erscheinen als die Freude.

Dritte Phase: Wut und Verhandeln

Der Freund, der mir erzählte, dass sich in Australien mehrmals am Tag die Qualität der von ihm befahrenen Straße veränderte, fügte hinzu: »Wenn du auf einer schlechten Straße fährst, ist es wichtig, es wahrzunehmen, aber nicht die Aufmerksamkeit darauf zu richten.«
Was heißt das?

Manchmal ist unser Leben in einem schlechten Zustand. Und dann haben wir die Wahl: Wir können es annehmen und von da aus weitergehen.

Die Phase des Schmerzes ist oft mit der Phase der Wut verwoben. Ich mache meinen Mitmenschen Vorhaltungen, weil sie nicht so sind, wie ich sie gerne hätte. Ich verhandle, mache aus dem Schmerz heraus Vorschläge und werde wütend, wenn die anderen nicht darauf eingehen.

Ich beschwere mich darüber, dass *sie* mein Leben belasten. Doch schon die Worte »Ich *beschwere mich*« drücken im Grunde alles aus: Durch mein Tun oder meine innere Haltung lade *ich mir* Schweres auf. Ich mache andere nieder, manchmal ziehe ich Dritte in die ganze Angelegenheit hinein. Ich schreibe E-Mails voller Vorwürfe, und am Ende steht vielleicht der Satz: »So fühle ich und ich stehe dazu.«

Genau dies könnte der Wendepunkt sein. Dadurch komme ich aus der Giftküche, die in meinem Herzen brodelt, und ich gelange zum Frieden mit mir selbst. Weil ich mich annehme, wie ich gerade bin, auch wenn es für Außenstehende noch unbegreiflich erscheint.

Damit will ich keinesfalls eine Bresche für gegenseitiges Hauen und Stechen schlagen. Und auch nicht dafür, andere für unser Empfinden verantwortlich zu machen. Im Gegenteil: Ich übernehme damit Verantwortung für mein Empfinden und für mein Handeln. Ich bin der festen Überzeugung, dass Hauen und Stechen nicht notwendig wären, wenn wir Gefühle, die wir als nicht »korrekt« empfinden, nicht solange unterdrücken würden, bis wir irgendwann explodieren.

Zu einem bestimmten Zeitpunkt in meinem Leben war ich genau da angelangt: kurz vor der inneren Explosion. Über einen Zeitraum von mehreren Wochen hatte ich versucht, meinen Ansprüchen in einer Beziehung zu genügen – den Ansprüchen, stets verständnisvoll zu sein, flexibel, akzeptierend –, natürlich all das gegenüber meinem Partner, nicht mir selbst.

Am Ende einer längeren Autofahrt geriet ich in eine Vollsperrung, zwei Kilometer von der heimatlichen Ausfahrt entfernt. Die Autobahn war wegen eines Unfalls über die gesamte Breite gesperrt. Als der Verkehr immer langsamer wurde, stockte und schließlich stehen blieb, erkannte ich, dass nichts mehr ging. Und – wie außen, so innen – eine gefährliche Ladung an Wut stieg in mir hoch. Einen Moment lang hatte ich den Impuls, mit dem Auto voller Wucht gegen die Leitplanke zu rasen.

All unsere Gedanken und Gefühle kommen auf die eine oder andere Weise zurück. Das ist ein universelles Prinzip. Wäre ich jetzt gegen die Leitplanke gerauscht, dann hätte ich das deutlich erlebt, richtig auf materieller Ebene. Mein Auto wäre nach dieser Aktion ziemlich beschädigt gewesen – und ich auch.

Zum Glück tat ich das nicht, sondern stieg schnell aus. Ich machte mir ein Bild von der Ursache des Staus; dann setzte ich mich wieder ins Auto und massierte meine Ohrläppchen und mein Gesicht. Ich tat mir Gutes. Ich vereinte meine linke und rechte Gehirnhälfte. Ich ging in Verbindung mit mir. Ich öffnete das Tor und konnte so entsprechend verantwortungsvoll reagieren.

Stunden später zu Hause angelangt, wusste ich, ich musste zu mir stehen und wollte zeigen, was sich im Augenblick in mir abspielte. So begegnete ich meinem Partner. Ich zeigte, dass ich in diesem Augenblick nicht verständnisvoll, sondern voller

Angst war. Tränen flossen, und auch mein Leben kam langsam wieder in Fluss – so wie die Aufhebung der Vollsperrung dem Verkehr wieder zu fließen erlaubte.

Eindrücklich beschreibt David Richo in seinem Buch *Fünf Dinge, die wir nicht verändern können, und das Glück, das daraus entsteht* unveränderliche Tatsachen, mit denen jeder Mensch in seinem Leben konfrontiert wird. Zwei davon sind:

- Alles verändert sich und endet irgendwann.
- Nicht immer geht alles nach Plan.

Seine Empfehlung für ein authentisches und gesundes Leben ist: »Ja« zum Leben zu sagen, so wie es gerade ist.

Auf den vorhergehenden Seiten habe ich die Augenblicke beschrieben, in denen es am schwersten ist, »Ja« zu sich zu sagen; ich wollte diese Momente sozusagen heranzoomen, zum Beispiel den Moment, in dem ich mit einer ungewollten, gravierenden Veränderung in meinem Leben konfrontiert war und mich die Wut innerlich zum Rasen brachte. Es geht in diesem Augenblick weder darum, Wut und Verzweiflung gegen mich und meinen Nächsten zu richten. Genauso wenig ist es sinnvoll, die Wunde, in der noch Schmutz ist, zuwachsen zu lassen und so zu tun, als wäre alles »paletti«.

Vor Kurzem erzählte mir eine junge Frau von einem ähnlichen Erlebnis:

»Meine ältere Schwester, meine Mutter und ich saßen am Sonntag zusammen am Kaffeetisch. Du weißt ja, dass mich immer diese Angstzustände plagen. Wieder begann die Angst vor dem kommenden Montag in mir aufzusteigen. Ich traute mich erst überhaupt nicht, es zuzugeben, aber dann überwältigte sie mich. Ich ließ meine Angst heraus, und zu meiner Überraschung reagierten meine Mutter und meine Schwester anders als sonst: Meine Mutter brach fast zusammen, als sie zugab, dass sie ebenfalls Angst hatte. Und meine Schwester sagte, dass sie das Gefühl habe, sie hätte alles probiert, aber jetzt wüsste sie auch nicht mehr weiter. Am Ende lagen wir uns in den Armen und weinten. Und weißt du was? Meine Angst ist verschwunden.« Ich bat meine junge Bekannte, ihrer Mutter und Schwester Grüße der Hochachtung von mir auszurichten.

Eine stärkende Überzeugung:
Ich bin in Ordnung, so wie ich bin.

Jeder von uns ist ein göttliches Wesen, das eine menschliche Erfahrung macht. Machen wir aus unserem Leben das Beste! Nutzen wir unseren wunderbaren Körper, um unser Leben zu gestalten und gleichzeitig zu erfahren, dass wir uns jederzeit mit dem Universum verbinden können: In unserem Gehirn haben wir einen Empfänger, eine Pforte zur Unendlichkeit und eine Tür zur ganz realen, greifbaren Welt! Damit sind wir heil und ganz. Damit wissen wir, dass Menschliches und Göttliches in uns angelegt ist und dass wir beides leben sollen. Wir können unsere Gefühle gefahrlos zulassen. Denn wir *sind* nicht unsere Gefühle; sie sind ein Teil unserer menschlichen Natur. Es geht darum, zu wissen, dass wir nicht *sind,* was wir *fühlen.* Wir werden heil, wenn wir die Wunde pflegen, sie wie die Katze lecken und sie säubern. Wir dürfen das Göttliche in uns leben und mit uns

Frieden schließen – auch in der Zeit des Leides, des Zornes und der Angst. Der Frieden mit den Mitmenschen folgt auf dem Fuß.

Wir sind nun einen Schritt näher an der heiteren Gelassenheit, wie sie Khalil Gibran in seinem Gedicht »Vom Schmerz« beschreibt:

> Und du würdest auch die Jahreszeiten
> deines Herzens hinnehmen,
> so wie du immer schon die Jahreszeiten hingenommen hast,
> die über die Felder ziehen.
> Und mit heiterer Gelassenheit würdest du
> die Winter deines Kummers überstehen.

Vierte Phase: Depression und Erinnern

Die Wunde heilt. Im Englischen ist *to heal* (dt.: heilen) abgeleitet von *to become whole,* das heißt: »ganz werden«. Auch *holy* (dt.: heilig) kommt von demselben Wortstamm.

In dieser Phase erinnern wir uns wieder und wieder. Wir erzählen die vergangene Geschichte neu. Wir verklären vieles. Nachträglich nehmen wir nur das Gute wahr. Wir sehnen uns nach den vergangenen Zeiten zurück. Die Tränen fließen.

Ein halbes Jahr nach dem Tod meiner Mutter schaute ich mir immer wieder die Fotos aus meiner Kindheit an, die meine Mutter und mich zeigten.

Mein Großvater bat mich nach dem Tod meiner Großmutter,

ihm eine bestimmte Schallplatte mit einem Lied zu besorgen, das er und meine Großmutter oft gehört hatten, als sie sich kennenlernten.

Tatsächlich ist jeder von uns manchmal niedergeschlagen. Und jeder von uns kann wieder aufstehen! Politiker demonstrieren das tagtäglich, wenn sie über einen Skandal stolpern und im nächsten Jahr an anderer Stelle wieder an der Spitze stehen.

Die gute Nachricht ist: Wir haben die Chance zu lernen. Und wahrscheinlich haben wir das schon oft so gemacht. Wir sind wieder aufgestanden und haben neue Schritte probiert. Genauso hat jeder von uns laufen gelernt. Und es ist in Ordnung, sich ein bisschen auszuruhen, bevor man den nächsten Schritt wagt.

Leider erinnert man sich im Nachhinein oft nicht an die Erkenntnisprozesse, die zu einer Verbesserung des eigenen Lebens geführt haben. Tagebuchschreiber und -schreiberinnen haben hier Vorteile.

Schön ist es, jetzt zu entspannen, sich anzunehmen und zu sehen, dass das Leben trotzdem gut zu uns ist.

Als ich in einer solchen Situation auf einem Stein in der wilden Maggia im Tessin lag und mir mein Leben leer und sinnlos vorkam, stieg der Satz in mir auf: *Ich entspanne mich, tue mein Bestes und sehe die Schönheit in meinem Leben.* Ja! Ich sah auf einmal wieder die Schönheit in meinem Leben. Unter mir war die Schönheit der Steine, vor und neben mir die Schönheit des kristallklaren Wassers in allen Grün- und Blautönen, hinter mir erhob sich der Berg und über mir war der Himmel! Die Farben wurden mit einem Mal bunter, das Rauschen wurde lauter, ich war wieder da, verbunden.

Eine stärkende Überzeugung:
**Ich entspanne mich, tue mein Bestes und sehe
die Schönheit in meinem Leben.**

In einem fortgeschrittenen Stadium des Erinnerns wissen wir: In unseren Gedanken haben wir die Vergangenheit weich gezeichnet. So schön war es nicht gewesen. Die Trennung und der Schmerz hatten einen Grund; unsere Schale musste aufbrechen, damit unser Herz das Licht der Sonne erblickt. Nur so konnte ich jetzt auf einem Stein im Wasser der Maggia liegen, von der Sonne durchleuchtet.

Auch in Organisationen und Unternehmen spielt das Erinnern, das Trauern um Vergangenes eine große Rolle. In Zeiten von rasanten Veränderungen, Fusionen und Umstrukturierungen, die oft Arbeitsplatz- und Aufgabenwechsel bedeuten, sollte Raum für das Erinnern sein. Denn die Seele muss nachkommen.

Ich erinnere mich an ein Gespräch vor ca. 15 Jahren mit einem Angestellten von Novartis, einem Arzneimittelkonzern. Novartis entstand aus den Firmen Ciba-Geigy und Sandoz. Und Ciba fusionierte davor mit Geigy zu Ciba-Geigy. Als sich mir der Mann vorstellte, nannte er seinen Namen und fügte hinzu: »Ex-Ciba.« Die Fusion lag mindestens 10 Jahre zurück! Mittlerweile hieß das Unternehmen »Novartis«. Und immer noch waren da die Erinnerungen und auch der Stolz und die guten Gefühle, die für ihn mit dem Klang des Namens »Ciba« verbunden waren.

Für den nächsten Schritt gibt es eine Grundlage,
und zwar die innere Überzeugung:
Es bereitet mir Freude und tut mir gut, Neues zu lernen.

Denn eines Tages stellt sich die Frage: »Trauere ich meinem Leben nach und quäle mich mit Gedanken an meine verlorene Zeit, oder gehe ich voran, nehme Abschied, lasse mein altes Leben los und versuche, neue Inhalte, Aufgaben und Ziele zu finden? Ich bin gegangen.« (*Brigitte*, 17/2009)
Das sagt die 37-jährige Sandra Schadek, eine Leistungssportlerin, bei der vor 9 Jahren die Krankheit ALS (Amytrophe Lateral-Sklerose) diagnostiziert wurde. Die ihr noch zur Verfügung stehende Lebenszeit wurde auf drei bis vier Jahre geschätzt.

Fünfte Phase: Akzeptieren und Annehmen

Es kommt der Zeitpunkt, an dem wir akzeptieren, wie es ist. Das heißt nicht, dass wir alles Geschehene gut finden. Es geht nicht um Bewertung, sondern darum, *einverstanden* zu sein, einen festen Stand zu finden, sich selbst zu betrachten und um sich herum zu blicken und anzuerkennen: *So ist mein Leben im Augenblick. Und so sind meine Beziehungen im Augenblick. Und vielleicht: Dieser Mensch, der mir so wichtig war, ist nicht mehr da. Es ist eben, wie es ist.*
Dieser Zustand ist kein aktiver Prozess, wir können ihn nicht durch tatkräftiges Tun herbeiführen. Wie auch schon in den anderen Phasen gilt Folgendes: Wir können entspannen – und dadurch den Zustand von Akzeptieren und Annehmen einla-

den. Wir sind durch Betäubung, Schmerz, Wut und Erinnern hindurchgegangen und kommen immer mehr zu innerem Frieden: *Ja, so ist es jetzt – ich stehe dazu, ich nehme das an.*

Sandra Schadek, die einst 100 Meter in 12,2 Sekunden lief, hat durch das Annehmen ihrer Krankheit ein Talent in sich entdeckt, von dem sie vorher nichts wusste. Das hat dazu geführt, dass sie eine neue, sinnvolle Aufgabe übernahm: Sie erschuf eine Website, die über die Krankheit ALS informiert und die täglich von 700 bis 800 Lesern besucht wird. Sie schreibt offen über ihre Ängste und Gedanken, zum Beispiel wie es war, als ihre Schwester schwanger wurde. Sie schreibt über ihre Freude und das gleichzeitig messerscharfe Bewusstsein, dass sie selbst niemals ein Kind auf die Welt bringen wird. Sie lebt nicht das Entweder-oder, sie lebt das Sowohl-als-auch und drückt es aus. Damit spricht sie Tausende von Menschen an.

Wenn wir in die Phase des Annehmens kommen, dringen wir zu einem tieferen Verstehen vor. Wir können vielleicht erkennen, dass der Samen für die Trennung schon in der Beziehung gesät worden war und die dritte Person, die von außen kam, ihn nur zum Quellen und Austreiben gebracht hat.
Wir haben die Möglichkeit, uns mit einem Ritual zu verabschieden. Der Grabstein wird endlich gesetzt oder wir geben nach mehreren Jahren die Kleider des geliebten verstorbenen Menschen frei.
Wohltuend ist es, wenn wir am Ende dieser Phase Dankbarkeit für die gemeinsam verbrachte Zeit empfinden, wenn wir sie als Geschenk sehen können. Ja, der GAU – der »größte anzuneh-

mende Unfall« –, den wir überhaupt nicht wollten, hat uns tatsächlich ein Geschenk gemacht.

Eine stärkende Überzeugung:
Ich lasse die Vergangenheit freudig und dankbar los.

Sandra Schadek sagt dazu, sie habe in ihrem neuen, »langsamen« Leben schon mehr Träume verwirklicht als in ihrem früheren. Dort war sie viel zu schnell unterwegs, um intensiv zu leben. Und »vielleicht geht es tatsächlich um gelebte Tage und nicht um Tage, die man lebt.« Aber kann es einen Sinn haben, todkrank zu werden? »Ja«, sagt Sandra, »es ist ein langer Weg, aber jetzt kenne ich das Ziel: Mir selbst zu begegnen.«

Verglichen mit Sandra Schadeks GAU sind die unerwarteten Unfälle, die uns widerfahren, meistens verhältnismäßig klein. Aber sie kommen uns jedes Mal wie ein kleines Sterben vor, an dessen Ende wir loslassen. Und durch das Sterben hindurch begegnen wir uns selbst ein bisschen mehr, wir werden ein wenig mehr ganz – oder heil.
Und so üben wir uns schon ein auf den einen Augenblick, in dem wir mit uns alleine sein werden, uns begegnen und den einen Schritt machen, bei dem wir das Leben loslassen.

Sechste Phase: Loslassen und Neubeginn

Der Augenblick danach ist der Augenblick davor. Es gibt einen kurzen Moment beim Atmen, da haben wir alle Luft ausgeatmet, aber noch nicht begonnen, wieder Luft zu holen. Ein Moment der Stille. Nur *da sein*. Frieden. Alles losgelassen, noch nichts Neues begonnen.

Es ist wunderbar, dieses Jetzt zu erleben. Wir können es wahrnehmen und ausdehnen. Wir müssen nicht schnell und hektisch beginnen, das Neue zu pflanzen. Das Leben wird uns den richtigen Zeitpunkt deutlich vor Augen führen.

Wir leben verschiedene Themen und Rollen gleichzeitig. Wir sind zum Beispiel Vater oder Mutter, zugleich Kollege oder Kollegin, Geliebter oder Geliebte, Freund oder Freundin. In *einem* Lebensbereich zwischen Ein- und Ausatmen zu sein, heißt nicht, dass wir es auf den anderen Gebieten auch sind. Es kann sein, dass wir uns besser um unsere Kinder kümmern können, weil wir gerade arbeitslos sind. Oder wir haben gerade keine Liebesbeziehung, brauchen im Augenblick aber unseren Atem für den Beruf.

Irgendwann beginnen wir dann, neu zu säen, und wissen wahrscheinlich mehr über das Gärtnern als beim letzten Mal. Wir haben gelernt.

Mit einem Thema konfrontiert gewesen zu sein, bedeutet nicht, dass dieses Thema sich nicht wiederholt – aber beim nächsten Mal haben wir mehr Fähigkeiten, und/oder die Aufgabe hat eine andere Intensität. Entwicklung findet nicht geradlinig, sondern spiralförmig statt. Schon das Wort »ent-wickeln« spricht für sich. Wir wickeln ab oder auf und kommen immer näher zum Kern der Sache.

Der Samen, den wir jetzt aussäen, reifte in einer Pflanze heran, die mittlerweile abgestorben ist. Sie war gewachsen, erblüht und hat Früchte getragen. Und wir können uns glücklich schätzen, dass wir ernten durften. Auch Phönix steigt nicht aus dem »Nichts«, sondern erhebt sich aus der Asche, die aus dem Verbrennen des Alten entstanden ist und jetzt als Dünger dient.

Als ich in jungen Jahren das Fach »Leibeserziehung« studierte, bestand eine der Aufgaben darin, eine Tanzgestaltung zu entwickeln. Die einzelnen Bewegungen einzuüben, um sie perfekt darzustellen, war das geringste Problem. Entscheidend waren die Übergänge. Das schärfte unser Dozent uns ein: »Die Übergänge zwischen einzelnen Themen sind die größte Herausforderung. Sie sollen fließend gestaltet werden.«
So ist es auch im echten Leben. Der Übergang von einem in einen anderen Zustand erfordert hohe Aufmerksamkeit. Immer wieder geht es darum, mich wahrzunehmen, mich neu zu definieren.

In den chinesischen Kampfkünsten, zum Beispiel im Tai-Chi, geht es darum, aus der Mitte heraus zu agieren. Das ist leicht und kostet wenig Kraft. Was ist die Mitte, die ein verlässlicher Wegweiser sein kann? Der Kopf ist nicht unsere Mitte. Der Bauch ist nicht unsere Mitte. Aber Bauchgefühl und Verstand können sich im Herzen treffen. Gut auf unser Herz zu hören, erleichtert es uns, wieder neu auszusäen und das neue Pflänzlein zu hegen und zu pflegen.

Mein Großvater war 88 Jahre alt, als meine Großmutter starb. Er hatte sie zwei Jahre lang gepflegt. Wir – meine ganze Familie und ich – erwarteten nicht, dass er über den Tod meiner Großmutter hinaus noch lange leben würde; immerhin hatten sie 60 Jahre miteinander verbracht.

Aber er nahm sein Leben in die Hand. Nachdem zuerst seine Mutter und dann seine Ehefrau sein gesamtes Leben lang für sein leibliches Wohl gesorgt hatten, lernte er, für sich zu kochen. Er sagte, er habe das für sich entdeckt. Er, der nie einen Supermarkt von innen gesehen hatte, kaufte ein! Während einer meiner Besuche zeigte er mir ganz freudig ein Glas mit Heidelbeeren. Es war Winter, und bis zu diesem Zeitpunkt wusste er nicht, dass man Heidelbeeren, seine Lieblingsfrüchte, zu jeder Jahreszeit kaufen konnte. Von jetzt an hatte er immer welche vorrätig. Er bestellte seinen Garten und kümmerte sich um sein Haus. Er kaufte sich sogar noch einen neuen Traktor. Er genoss es, im Freien zu sein, und konnte sich über Kleinigkeiten wie frischen Feldsalat aus dem Garten freuen.

Für uns Enkel war er ein weiser und zufriedener Ansprechpartner, die nächsten 12 Jahre lang. Ich schätze mich glücklich und bin dankbar, dass mein Großvater es geschafft hat, nach dem Tod meiner Großmutter noch einmal von vorne anzufangen, und dass wir so viel Zeit gemeinsam genießen konnten.

Eine wichtige Überzeugung:
Ich bin, der/die ich bin.

Wenn wir durch die weit geöffnete Flügeltür in unserem Kopf zu unserem Herzen wandern, können wir uns immer wieder auf das Jetzt einlassen. Erschaffen können wir nur den jetzigen einzigartigen Augenblick. Und wir haben die Wahl: Gestalten wir ihn aus der Liebe heraus – oder aus der Angst? Handelnd entscheiden wir zwischen den beiden Paradigmen »Nichts ist sicher« – das entspringt der Angst – und »Alles ist sicher« – das gründet auf Liebe und Vertrauen. Wir sind verbunden, gehalten und geborgen. Und dies Wahrnehmung ist unser Geburtsrecht. Von Geburt an haben wir zwei Gehirnhälften und daher auch das Recht, ihr volles Potenzial zu nutzen.

Dies wird in einem wunderbaren Gedicht beschrieben:

Die totale Sicherheit

Ich habe die größte Sicherheit, die es gibt.
Das Vertrauen!
Es schützt mich vollkommen.
Vergleiche nie ein Leben mit einem anderen –
jeder hat seine Lektionen zu lernen.

Die materielle Sicherheit existiert nicht,
falls man nicht dem totalen Schutz
durch seinen inneren Gott vertraut.
Aus unserem Vertrauen in das Leben, aus unserem Wissen,
dass nichts, absolut nichts »Schlechtes« uns geschehen kann,
entspringt der Überfluss des Lebens.
Es genügt zu leben, jeden Augenblick zu lieben
und sich keine Fragen über den
kommenden Augenblick zu stellen.

(René Egli, *Das LOLA-Prinzip*, S. 159)

Die Quintessenz

Ich kenne wenige Menschen, die Veränderungen freiwillig und freudig einläuten. Behaglich richten wir es uns in unserer Komfortzone ein. Und meistens werden wir durch das Schicksal gezwungen, uns dem Wandel zu stellen.

Im Zyklus der Veränderung durchlaufen wir die Phasen von Betäubung und Schock, von Schmerz, Trauer, Wut, Erinnern und Depression, bis wir den neuen Zustand akzeptieren und annehmen können. Danach sind wir auch bereit, Altes loszulassen und Neues zu wagen. Alle diese Phasen sind wichtig.

Erinnern wir uns an die Aussage, dass unsere innersten Überzeugungen unser Schicksal bestimmen. Wenn unser Schicksal uns zwingt, Beschränkungen zu bewältigen, so bekommen wir die Gelegenheit, unsere tiefsten Überzeugungen zu erkennen und zu verändern. Wir werden mit dem konfrontiert, was uns am Wachstum hindert. Wir haben die Chance, Neues zu kreieren. Das Schicksal macht uns sozusagen Geschenke.

Und wir haben die Wahl: Bleiben wir im Zustand der Betäubung oder lassen wir den Schmerz zu? Durchleben wir den Schmerz und akzeptieren wir, dass wir manchmal vor Empörung schreien könnten? Ist es in Ordnung für uns – und vor allem: sind wir dann noch in Ordnung? –, wenn wir uns manchmal einfach unter der Decke verkriechen und unsere Depression pflegen wollen? Indem wir diese Phasen durchleben und sie hinnehmen wie »den Spiegel der Jahreszeiten, die unsere Seele durchlebt« (Khalil Gibran), lernen wir, gelassener mit ihnen umzugehen, und haben das Glück, von ihrer Intensität und Schönheit durchdrungen zu werden. Der innere Friede wartet bereits auf uns. Das Tor zum Universum öffnet sich ein bisschen mehr. Der Empfänger für die universelle Schwingung ist schon besser eingestellt.

So treten wir aus der Polarität heraus. Wir sind alles in einem: Wenn wir schwach sind und uns dabei selbst im Spiegel ehrlich in die Augen sehen, wartet die strahlende Stärke schon an der nächsten Ecke. Eine Stärke, die umso verlässlicher ist, weil wir unsere Schwäche kennen und keine Angst haben, sie zuzugeben.

Viele Jahre kam ich mir vor wie ein Scharlatan. Ich hatte das Gefühl, meine Mitmenschen sehen etwas in mir, das ich nicht bin und auch nie sein werde. Seit ich gegenüber mir selbst meine Schwächen zugebe, kann ich es auch vor anderen. Seit ich mir selbst eingestehe, dass ich mich hier und da unzulänglich fühle, erlebe ich fast nur gute Tage.

Das Einzige, was wir fürchten müssen: uns in einen immerwährenden Kampf gegen das, was gerade ist, zu verstricken.

Zu kämpfen gegen Selbstwahrnehmungen von Schwäche und Hässlichkeit – innen wie außen –, von Zorn, Schmerz und Depression bedeutet, mit aller Gewalt den Deckel auf einem kochenden Topf zu halten. Der Dampf will entweichen! Wir sollten uns davor hüten, nach außen den Zustand aufrechtzuerhalten, der existierte, bevor wir über den Stein gestolpert sind. Wenn wir all unsere Energie dafür aufbringen, so zu tun, als ob alles beim Alten wäre, kommen wir keinen Schritt weiter.

Die Absicht dieses Buches ist es, den nächsten Schritt in Zeiten der Krise leichter zu bewältigen. Wir können aus dem Zwang, zu urteilen und zu verurteilen, heraustreten. Den Schritt in das Jetzt zu machen, birgt unglaublich gute Aussichten, die eigene Selbstliebe wachsen zu lassen und der Selbstwahrnehmung immer mehr zu vertrauen. Wir haben die Chance, unterbewussten Saboteuren auf die Schliche zu kommen, die uns kleinhalten und uns unserer Macht berauben. Wir haben das Recht, unsere rechtshemisphärischen Fähigkeiten zu erfahren und zu leben.

Letztendlich schwingen wir uns durch den Zyklus der Veränderung höher und höher, spiralförmig statt geradlinig, in unsere wahre Bestimmung: in ein Leben in Liebe und Freiheit. Wir entdecken unsere Macht, aus unserem Leben das Beste zu machen – was möglich ist, gerade weil uns die Felsbrocken vor die Füße geworfen werden.

Erinnern wir uns: Wir bekommen genau das, was wir bewältigen können – wenn wir es annehmen und uns dem stellen, anstatt mit unserem Schicksal zu hadern. Wenn wir uns bei allem, was passiert, selbst lieben, wenn wir die Verantwortung für unser Leben übernehmen.

Und indem wir das Licht unserer Liebe immer stärker in uns leuchten lassen, wird es heller in uns und um uns herum. Dein Licht ist wie eine Kerze, die andere Kerzen entzündet. Genau darum geht es jetzt, in dieser Zeit.

Wege vom Kopf ins Herz

Hier ist eine Geschichte über den Ort, an dem wir alle die gleiche Sprache sprechen, an dem wir alle EINS sind:
Ein englischer Anthropologe war mit der Absicht, eine bestimmte Wal-Art aufzuspüren, nach Indonesien gereist. Nach mehreren Wochen erfolgloser Suche erzählte er einem Dorfältesten, was ihn hergeführt habe. Der Dorfälteste sagte: »Kein Problem, wir haben hier ein zwölfjähriges Mädchen, das dir den Wal beschaffen kann.«
Am nächsten Tag setzte sich der Forscher mit dem Mädchen an den Strand. Das Kind schloss die Augen. Nach etwa 20 Minuten sah der Mann den lange gesuchten Wal am Horizont auftauchen. Sein Herz klopfte, als das Tier näher und näher kam. Der Anthropologe fragte das Mädchen: »Was hast du gemacht? Wie hast du das gemacht?« Es antwortete: »Oh, es war wirklich ganz einfach. Ich ging an den Ort, wo wir alle die gleiche Sprache sprechen, und bat den Wal, zu kommen.« (Deepak Chopra, *Quantenbewusstsein*)

Dies ist der Ort einer erhabenen Wirklichkeit. Und es ist unser eigentliches Zuhause. Es ist der Ort, an dem »das Universum

seiner selbst bewusst wird«, und »wir sind diese Selbst-erken-
nenden Wesen« (Deepak Chopra). Manche nennen diesen Ort
»reines Gewahrsein«, ich nenne ihn »bedingungslose Liebe«.
Und das Tor, durch das wir gehen können, um zu diesem Ort
zu gelangen, finden wir in unserem Gehirn.

Auf den folgenden Seiten will ich einige Möglichkeiten beschrei-
ben, die mich in existenziellen Situationen zu innerem Frieden
führen. Sie aktivieren nachweslich Zentren in der rechten
Gehirnhälfte. Das heißt allerdings nicht, dass die linke Gehirn-
hälfte nicht auch aktiviert würde. Insgesamt wird das gesamte
Gehirn angeregt.
Es ist gut, verschiedene Wege zu kennen und zu beschreiten.
Vielleicht passt jetzt ein bestimmter Weg besser, während in vier
Wochen ein anderer richtig ist. Jeder Mensch kann für sich entscheiden, ob er lieber auf einem Trampelpfad durch den Wald
geht, den gekiesten Fahrradweg nimmt oder über die geteerte
Schnellstraße fährt. Jeder Weg bringt dem, der ihm folgt, seine
Qualitäten nahe und bereichert ihn. Ganz bestimmt gilt für
jeden dieser empfohlenen Wege Das Gehen ist das Ziel, und
die Veränderungen beginnen mit dem ersten Schritt.

Integration von rechter und linker Gehirnhälfte durch PSYCH-K®

Mahatma Gandhi sagte:
   Halte deine Überzeugungen positiv,
   denn deine Überzeugungen werden zu deinen Worten,

deine Worte werden zu deinen Taten,
deine Taten werden zu deinen Gewohnheiten,
deine Gewohnheiten werden zu deinen Werten
und deine Werte werden zu deinem Schicksal.

Diese weise Aussage kann man genauso umgekehrt lesen: Dein Schicksal entspringt deinen inneren Überzeugungen. Und das heißt, dass wir in jedem Augenblick, in dem unser Schicksal uns nicht gefällt, auf unsere Überzeugungen zurückgeworfen werden und die Chance haben, sie zu erkennen und zu verändern.

Unzählige Male in meinem Leben bin ich durch den Zyklus von Trauer und Leid gegangen. Manchmal war der Augenblick des Schmerzes so groß, dass ich dachte, ich überlebe das nicht. Oder ich dachte, als ich in die Phase des Erinnerns kam, dass ich nie mehr neu säen könnte. Alles was ich nach meiner Meinung erleben konnte, war schon gewesen, alles schon erlebt. Ich verzweifelte, weil ich erkannte, dass ich ständig die gleichen Muster wiederholte. Meine Liebesbeziehungen liefen zum Beispiel immer gleich ab: Zuerst große Verliebtheit, großes Glück, Hingabe, dann viel Streit und schließlich ging einer von uns beiden. Was bringt es, hinterher alles analysieren zu können und sich vorzunehmen: »Beim nächsten Mal ist alles anders«, es dann aber nicht in die Tat umsetzen zu können? Mittlerweile ist wissenschaftlich belegt, dass das reine Erinnern und Wiedererleben des Schmerzes die Erinnerungen, die als neuronale Strukturen gespeichert sind, eher verfestigen, anstatt sie zu lösen.

Im Jahr 2005 hatte ich das Glück, die Methode PSYCH-K® kennenzulernen, deren Schwerpunkt auf der Änderung von Überzeugungen liegt. Tatsächlich hat mich dieses von Rob Williams entwickelte Verfahren an den Punkt gebracht, dass ich sagte: »Ab heute nehme ich mein Leben selbst in die Hand. Ich hatte zwar wenig Chancen, über meine Kindheit zu bestimmen, aber jetzt bin ich erwachsen, und die Macht, über mein Leben zu bestimmen, liegt bei mir.«

Ich will nicht behaupten, dass in meinem Alltag jetzt alles Freud und Sonnenschein ist, aber tatsächlich hat sich durch PSYCH-K viel für mich verändert: In belastenden Situationen traue ich mich, aus der Betäubung in den Schmerz zu gehen. Ich weiß, wenn ich erlebe, definiere und benenne, wo ich gerade stehe, kann ich mich fragen:

- Was will ich stattdessen?
- Was gibt es zu lernen?
- Welche Überzeugungen halte ich und welche will ich halten?

Anschließend ermöglichen es mir die sogenannten PYCH-K-»Balancen«, das heißt die Methoden und Veränderungswerkzeuge, vollen Zugriff auf das Potenzial meiner beiden Gehirnhälften zu erhalten. Damit kann ich Bewusstsein und Unterbewusstsein so ausrichten, dass ich die Zukunft wieder im Blick habe.

PSYCH-K ist ein Werkzeug, mit dem Schmerz umzugehen und ihn zu transformieren. Dadurch kann ich ihn zulassen. Er überwältigt mich nicht. Ich muss ihn weder unterdrücken noch mich ablenken. PSYCH-K schenkt mir den Zugang zu Ressourcen, die unerschöpflich sind. Dadurch kann ich weitergehen und wachsen, denn ich fühle mich verbunden und sicher.

Eine hilfreiche Überzeugung (mit freundlicher Genehmigung von PSYCH-K Centre International):
Ich erkenne meine Gefühle als einen notwendigen Bestandteil meines Heilungsprozesses an.

Wie mit der Phase des Schmerzes kann ich auch mit jeder anderen Phase umgehen: Der Wut, dem Erinnern, der Traurigkeit – wenn ich den Geschmack von jenem Wandel im Mund schmecke, den ich selbst herbeiführen kann, dann komme ich wirklich dahin, das Leben gelassen zu nehmen, gleichsam wie »die Jahreszeiten meiner Seele«.

Ich empfehle PSYCH-K auch aus einem ganz praktischen Grund: Es ist ein Selbsthilfeinstrument. Zu jeder Zeit kann ich mich wieder selbst befähigen – unabhängig vom Ort oder von fremder Unterstützung –, und es geht schnell. Es ist, als könnte ich für meine Seele kochen und ihr schmackhafte und nährende Gerichte servieren, so wie ich für mein leibliches Wohl kochen kann. Auch auf seelischer Ebene kann ich mich selbst stärken, und PSYCH-K ist eine wunderbare Methode dafür.

Sie schenkt uns außerdem eine weitere Möglichkeit: Wir können gemeinsam »balancieren«, das heißt den Veränderungsprozess in Gang bringen. Ich treffe mich mit Freunden, und wir tun uns gegenseitig etwas Gutes. Jeder unterstützt den anderen in seinem Prozess. Das erlaubt Nähe, ist anregend und verbindet genauso wie gemeinsames Kochen und Essen.

Eine hilfreiche Überzeugung (mit freundlicher Genehmigung
von PSYCH-K Centre International):
Ich verzeihe mir, Liebe und Zuneigung aus Angst
zurückgehalten zu haben.

Stell dir vor, dein Verstand ist davon überzeugt, dass das Universum ein freundlicher Ort ist. Du hast genug Geld, um zu reisen, genug Essen und Kleidung und du kannst im Winter heizen. Du hast einen Computer durch den du dich online mit der Welt verbinden kannst – nur 5 Prozent der Weltbevölkerung können das von sich sagen. Also, das Universum stellt sich freundlich für dich dar. Aber als du ein Kind warst, war das nicht so. Es wurde nicht perfekt für dich gesorgt: Wahrscheinlich war sogar ausreichend Materielles vorhanden, aber auf seelischer und emotionaler Ebene gab es schmerzliche Defizite, deren sich die Menschen, die für dich sorgten, vermutlich nicht bewusst waren. Und das hat sich in dein Unterbewusstsein eingeprägt, sodass es jetzt davon überzeugt ist, das Universum sei ein unfreundlicher Ort.

Dein Verstand weiß, dass es dir jetzt gut geht, aber da dein Unterbewusstsein im Vergleich zu deinem Bewusstsein 95 Prozent deiner Wahrnehmung ausmacht, fühlst du dich nicht gut. Du solltest ..., du kannst aber nicht. Du suchst Erklärungen ... und verstehst irgendwann wieder etwas mehr. Aber du fühlst dich nicht im Einklang mit dir und der Welt. Solange dein Unterbewusstsein überzeugt ist, dass das Universum unfreundlich ist, fühlst du dich auch entsprechend. Du hast Angst, kämpfst, greifst an und verteidigst dich. Und es entsteht eine endlose Abwärtsspirale, die immer mehr Stress erzeugt. Wie viele Menschen, denen es äußerlich gut geht, brechen irgendwann zusammen: Innerlich stimmt nichts, sie können es aber nicht äußern. Stress!

Eine weitere Variante im Hinblick auf Überzeugungen kann Stress erzeugen. Sie kam bei mir ständig vor: An einem Morgen schaute ich mich im Spiegel an und fand mich schön; ich sang und konnte die Welt aus den Angeln heben. Das Universum meinte es gut mit mir. Doch am nächsten Morgen war mein Empfinden ohne ersichtlichen Grund gekippt: Ich sah mich an, fand mich hässlich, mindestens 10 Kilo zu schwer, dunkle Ringe unter den Augen, nichts klappte. Das Universum zeigte sich von seiner unfreundlichsten Seite.

An guten Tagen war mein Unterbewusstsein anscheinend davon überzeugt, dass das Universum ein freundlicher Ort ist, während es an den schlechten Tagen fühlte, das Universum sei ein unfreundlicher Ort. Je nach Tagesform und Situation zeigte sich die eine oder andere Überzeugung. Das war für mich, als würde ich ständig aufs Gaspedal und gleichzeitig auf die Bremse treten.

Im Gespräch mit einer amerikanischen PSYCH-K-Kollegin stellte sich heraus: Dieses Phänomen kommt in Deutschland viel öfter als in den USA vor. Warum? Meine persönliche Interpretation ist: Unsere Großeltern und Eltern – und damit meine ich alle Menschen in Mitteleuropa – haben den Zweiten Weltkrieg (und davor den Ersten) hautnah als gesamte Bevölkerung erlebt, Männer und Frauen, Väter und Mütter, Greise und Säuglinge. Danach haben sie gemeinsam die Kraftanstrengung des Wiederaufbaus bewältigt und durften die Früchte ernten.

Beides haben wir unterbewusst gespeichert: die Schrecken des Krieges und den Erfolg und die Bestätigung des Wiederaufbaus.

Die ältere Generation in Deutschland besteht zurzeit aus Menschen, die als Kinder die Kriegswirren erlebt haben und die keine oder nur wenig Gelegenheit hatten, das Erlebte, das Gesehene jemals wirklich zu bewältigen. Und mit all diesen Erinnerungen ging das Leben weiter. Es wurde aufgebaut – mein Vater nannte die Zeit nach dem Krieg die schönste Zeit seines Lebens. Jeder habe jedem geholfen, alle hielten zusammen. Und Kinder wurden geboren, die einerseits den Segen dieser Zeit von klein an mitbekamen: genug zu essen, genug Kleidung, keine lebensbedrohlichen Schrecken. Andererseits spürten sie täglich die Schatten des Krieges, die auf den Eltern lasteten.

Als ich in der dritten Grundschulklasse zur Klassensprecherin gewählt wurde, empfingen mich meine Eltern zu Hause nicht mit Freude, sondern mit unterschwelliger Furcht. »Es ist schlecht, aufzufallen, besser ist es, immer in der Mitte zu bleiben«, waren ihre Worte. Natürlich resultierte diese ablehnende Haltung aus ihren Kindheitserfahrungen in der Zeit des Nationalsozialismus und der daraus erwachsenden Furcht um mich. Also duckte ich mich.

In meiner Kindheit erfuhr ich oft die Kraft und die Freude meiner Familie, lebensbejahende Veränderungen zu gestalten, und gleichzeitig erlebte ich die Angst, aufzustehen, für mich und andere einzustehen und mein Licht leuchten zu lassen.

Ganz konkret äußerte sich das auch in meiner beruflichen Laufbahn: Immer schaffte ich es, gut zu sein – allerdings nie so besonders gut, dass ich mich hätte hervorheben können. War eine solche Situation abzusehen, brach ich diesen Weg ab und begann etwas Neues, wo ich wieder unten anfangen und mich bis ins obere Mittelfeld vorarbeiten konnte. Ich scheute den rauen Wind, der mich streifen würde, wenn ich den Kopf aus der Menge erhob.

Ich bin sicher, so wie ich bin.

Diese Scheu nahm manchmal panische Ausmaße an, die nichts mehr mit der aktuellen Situation zu tun hatte. Ich war blockiert und stand dementsprechend unter Stress. Mein inneres Erleben war: »Entweder ich bin mittelmäßig und damit sicher und das Universum ist freundlich zu mir, oder ich bin herausragend und das Universum ist unfreundlich zu mir und damit wird mein Leben unsicher.«

Durch PSYCH-K konnte ich mein inneres Erleben erkennen und verändern. Jetzt lebe ich meine persönliche »Sowohl-als-auch«-Variante: Ich kann sowohl mein Licht leuchten lassen als auch gut und verbunden leben. Das Universum begegnet mir freundlich. Und die Stressspirale dreht sich nicht mehr.

Zu dem Zeitpunkt, an dem ich PSYCH-K kennenlernte, war ich als strenge Naturwissenschaftlerin nur auf das ausgerichtet, was wir mit unseren fünf Sinnen nachvollziehen können, was also meine linke Gehirnhälfte verstand und akzeptierte. Natürlich gab es Irritationen. Ich beschäftigte mich zum Beispiel mit der Aussage der Quantenphysik, dass der Beobachter durch die Beobachtung das Ergebnis beeinflusst. Doch das führte nicht zu einer spirituellen Ausrichtung.

Nach dem Basiskurs PSYCH-K wurde mein Interesse an spirituellen Fragen geweckt und ich stillte diesen Hunger durch eine ausführliche E-Mail-Konversation mit meinem Ausbilder. Ein halbes Jahr später, im Fortgeschrittenenkurs in PSYCH-K, geschah vieles gleichzeitig: Ich erlebte mich ganz, heil. Ich machte die Erfahrung von Energie: Energie zu geben, Energie zu erhalten, Energie durch mich hindurchfließen zu lassen. Ich erfuhr, wie mich die Verbundenheit mit anderen Menschen trägt. Ich erlebte es, andere zu beschenken und ihnen Kraft zu geben, aber auch, dass sie mich genauso erfreuen und stärken konnten. PSYCH-K führte zu einer Harmonisierung der Energie, die meinen Körper erfüllte und umgab, und wirkte somit heilend auf meinen physischen Körper. Durch die Arbeit mit PSYCH-K öffnete sich das Tor in meinem Gehirn und ich war verbunden. Ich fühlte mich meiner selbst mächtig.

Allerdings muss ich auch warnen. Neulich erzählte mir ein Bekannter, dass PSYCH-K ihm am Anfang Angst machte. Plötzlich wurde ihm klar, dass die Verantwortung für sein Leben allein bei ihm lag ...

Ich erfuhr, dass Zeit relativ ist. Und mein Leben begann zu fließen, da wo es stockte. Ich begann zu vertrauen.

Heute vertraue ich immer mehr. Es ist wohltuend, verbunden

zu sein: mit mir, mit anderen Menschen und mit dem, was ich »universelles Bewusstsein« nenne.

Da der Verstand und das Gefühl Formen und Ausdrucksmöglichkeiten des universellen Bewusstseins sind, lassen sie sich nicht durch sich selbst erklären oder beweisen. Ken Wilber sagt zu diesem Thema sinngemäß: Das göttliche Prinzip mit der Quantenphysik zu erklären, wäre gerade so, als würde man sagen: »Der Schwanz wedelt mit dem Hund.«

Ohne es meinem analytischen Verstand in meiner linken Hirnhälfte erklären zu können, fühle ich mich sicher und verbunden sowie in Frieden mit mir selbst und (meistens) frei.

Das Beste: PSYCH-K schenkt Lebensfreude! Das Leben ist schön!

Auch an einem grauen Wintertag kann ich durch die Straßen gehen, den Pfützen ausweichen und mich über die freundlichen Worte freuen, mit denen mich die Frau beim Bäcker grüßt.

Selbst wenn mein Leben nicht glatt läuft, heißt das nicht, dass ich es nicht genießen könnte. Mittlerweile gefallen mir gerade die Veränderungen, das Unerwartete. Nach einem kurzen Augenblick des Zögerns denke ich: *Okay, da soll es also langgehen. Ich wollte zwar einen anderen Weg einschlagen, aber anscheinend ist dieser jetzt der richtige.* Das Leben wird leichter, weil ich verbunden bin. Ich habe die Macht darüber, was ich aus dem, was auf mich zukommt, mache. Das Leben darf Freude und Lachen sein, ein Fest! Und leicht ist, was richtig ist, und was richtig ist, ist leicht.

Segnen – was ist das eigentlich?

Als religiösen Brauch kennen wir den Segen, den ein Pfarrer oder ein anderes kirchliches Oberhaupt an die Gemeinde weitergibt. Religiöse bzw. spirituell aufgeschlossene Eltern segnen ihr Kind, damit es behütet seinen Weg geht. Ein Meister segnet seinen Schüler für die Aufgaben auf seiner zukünftigen Lebensreise ... Dem Segen liegt Folgendes zugrunde: Wir empfangen Güte und die Unterstützung, wenn wir gesegnet werden. Ein Segen ist ein Geschenk; wir müssen nichts dafür tun. Und uns wird versichert, dass wir nicht alleine sind, sondern mit dem, der uns segnet, verbunden sind und bleiben. Letztlich kommt jeder Segen von Gott.

Ich bin zufrieden und gesegnet, ich zu sein.
*(Mit freundlicher Genehmigung von
PSYCH-K Centre International)*

So betrachtet: Können wir uns dann selbst segnen? Ich muss gestehen, am Anfang kam es mir etwas merkwürdig vor, mich selbst zu segnen. Aber ich folgte in einem Zustand großer Trauer den Anweisungen Gregg Bradens *(Verlorene Geheimnisse des Betens)*, erst mich, dann den anderen und danach alle an der Situation Beteiligten zu segnen.

Durch die Abfolge und die Wiederholung des Rituals nahm mein Alltagsbewusstsein einen anderen Zustand an. Ich aktivierte meine rechte Gehirnhälfte. Ich hatte für einen Augenblick die Verbindung zum großen Ganzen, zu jenem, das mehr weiß als ich, zu einem Zustand von Güte und Wohlgefühl.

Du kennst vielleicht den bekannten Buchtitel von Richard David Precht: *Wer bin ich – und wenn ja, wie viele?* In Anlehnung an diesen Titel sage ich, dass mein kleines, zauderndes und verzagtes Ich (linke Gehirnhälfte) den Segen erhielt, während ein fließender, allumfassender, verbundener Teil von mir (rechte Gehirnhälfte) den Segen sprach. Dieser Teil war in jenen Augenblicken fähig, sich mit dem allumfassenden Bewusstsein zu verbinden und EINS zu werden. Denn tatsächlich sind wir alle EINS. Und ich fühlte mich gehalten und geborgen.

Wir können uns segnen, weil wir in jedem Augenblick durch unsere Verbindung zum Universum gesegnet und verbunden sind. Gottes Wort »ertönt« durch uns – nicht umsonst leitet sich das Wort »Person« vom Lateinischen *personare* ab: *Sonare* heißt »tönen«, *per-sonare* bedeutet also »hindurchtönen«. Wir Menschen sind jenes, durch das »hindurchgetönt« wird. Wir können auch sagen: »der die Schwingung sichtbar macht«, da jeder Ton Schwingung ist.

Wenn wir uns für die Energie öffnen, die durch uns hindurchfließen will, dann kann unser irdisches Ich Segen erfahren. Wir fühlen uns wieder aufgehoben und geborgen. Auch hier achte auf die Zusammensetzung des Wortes: »auf-heben« (etwas wird erhoben), aufgehoben sein.

Wie schon erwähnt: Wir können die Bettler und die Penner auf der Straße, denen wir etwas schenken, als verkleidete Engel sehen, die uns segnen. Denn das Wunderbare ist: Jeder Segen, den wir uns oder einem anderen geben, jeder liebende Gedanke, den wir denken und fühlen, erhöht die Liebe im gesamten Universum.

Frieden durch Meditation

Jeden Tag 10 Minuten still sitzen – das macht mich glücklich. In diesem Zustand erlebe ich, dass ich »Entweder-oder« bezüglich eines Themas denke; dann taucht manchmal das Sowohl-als-auch auf, gefolgt vom Weder-noch. Das Herausragende an diesen 10 Minuten ist, dass jeder Gedanke erwünscht und erlaubt ist und dass nichts geschehen muss; es gibt nichts zu erreichen oder gar zu erzwingen. Pure Freiheit!

Nach kurzer Zeit tauche ich in einen Zustand des Wohlgefühls ein, mein Herz verbindet sich mit der Schönheit der Blätter oder der anmutigen Bewegung der Katze, die am Fenster vorbeistreicht. Das Licht einer Kerze begleitet mich in diesen 10 Minuten.

Erst vor Kurzem habe ich mit dieser täglichen Praxis begonnen und sie tut mir gut. Die Verbundenheit mit mir und gleichzeitige Präsenz für die Welt um mich herum trägt mich durch den Tag. Manchmal kehre ich an diesen Ort in mir zurück. Die Zeit ist zu schnell vorbei. Ich werde sie verlängern.

Stellen wir uns vor, dass wir als Säugling empfinden: »Ich bin mein Körper.« Nichts trennt meinen Körper und mich, alles ist unmittelbare Erfahrung. Wir drücken uns durch Körperempfindungen aus, indem wir schreien, lachen oder weinen.

Im Lauf der ersten Lebensjahre bildet sich unsere Sprache heraus. Durch die Sprache lernen wir, unsere Körperempfindungen in Worte zu fassen. Dadurch schaffen wir eine Distanz zum unmittelbaren Erleben und Ausdrücken unserer Emotionen. Unser linkshirniger analytischer Verstand verhandelt mit den

Körpersensationen und entscheidet, was zu zeigen angebracht ist und was nicht. Durch den Erwerb der Sprache werden wir auch fähig auszudrücken, was wir bei einer Begegnung mit dem Gegenüber empfinden. So entsteht Kommunikation.

Der Verstand entwickelt sich bei vielen von uns zu einer von der linken Hemisphäre dominierten Plappermaschine. Unsere Wahrnehmung wird durch ihn gefesselt.

Dabei gibt es in unserem vorderen Gehirnbereich den Ort, der magisch ist. Wir waren schon einmal dort. Es ist das Tor, der Empfänger und der Sender. Es führt uns in den Zustand absoluter Präsenz, der sich durch die Kohärenz mit unserem Herzen auszeichnet. Hier sind wir EINS mit allem, immer in Ordnung, einfach im Jetzt.

Eine Verbindung mit dem universellen Bewusstsein herzustellen – das bedeutet, Freude, Liebe und Dankbarkeit zu *sein*. Diese Erfahrung können wir ausdehnen, sodass sie unser Herz, unseren Körper und dann den gesamten Raum erfüllt. Auf diese Weise sind wir mit vielen anderen Herzen verbunden.

Der Zusammenhang von tiefen Gefühlen wie Dankbarkeit und Wertschätzung und einer gleichmäßigen Herzfrequenzvariabilität, der Voraussetzung von Herzkohärenz, ist messbar. Viele Studien an Meditierenden beweisen es. Ebenso ist nachgewiesen, dass sich durch Meditation die Aktivität in weiten Bereichen der rechten Hemisphäre und teilweise der linken Hemisphäre erhöht. Das Gehirn wird angeregt. Kohärenz drückt sich in einer anregenden, wachen Übereinstimmung von Kopf und Herz aus. Würde man jetzt ein EKG und EEG aufzeichnen, verliefen die Kurven synchron. Wir erleben uns als vital und gleichzeitig entspannt, voll präsent.

Frank Kinslow stellt in seinem Buch *Quantenheilung* zwei wunderbare Möglichkeiten vor, in den Bereich hinter den Verstand vorzudringen: Die erste arbeitet mit Fragen wie »Welche Farbe hat mein nächster Gedanke?«, und plötzlich ist da eine Lücke in dem stetig fließenden Strom von in Worte gefassten Gedanken, eine Lücke einfachen Gewahrseins. Kinslow nennt diese Lücke »reines Gewahrsein«.

Die zweite Technik besteht darin, sich still hinzusetzen und ein positives Wort wie »Friede«, »Liebe«, »Glaube« oder »Freude« einfach zu beobachten. Vielleicht hörst du das Wort, vielleicht siehst du es, eventuell bewegt es sich oder es wird gesummt. Alles ist möglich und darf sein. Die Frage ist: »Wer oder was in mir beobachtet?«

Ziel dieser Techniken ist es, mühelos zu beobachten. Jegliche Mühe ist kontraproduktiv. Durch die Fähigkeit des Beobachtens kommen wir immer mehr in den Zustand des »Nicht-Anhaftens«. Das bedeutet, dass Wünsche, Gefühle oder Gedanken sein dürfen, dass wir uns jedoch nicht an sie klammern. Wir üben, uns nicht zu verstricken, sondern kommen und gehen zu lassen, und nehmen an, was sich im Augenblick manifestiert.

Zu Hause sein in der Natur

»Schönheit kannst du nur wahrnehmen,
wenn dein Geist ruhig ist.«
HENRY DAVID THOREAU

Jeder Mensch hat Zugang zur Natur. Natur umschließt uns, hüllt uns ein, auch ohne dass wir sie wahrnehmen.
Der Naturpädagoge Joseph Cornell erzählt die Geschichte eines Freundes: Eines Nachts stand er auf dem Balkon eines Hotels und genoss das Lichtermeer der Großstadt unter sich, als ein Stromausfall plötzlich alles in Dunkelheit tauchte. Alles – außer den Sternen, die leuchteten wie immer. Nur hatte er sie vorher nicht wahrgenommen. Ihm wurde klar, dass das grelle Licht der Stadt die Schönheit des Himmels verdeckt – genauso wie unsere Gedanken die Wahrnehmung von sanfter Naturschönheit überdecken, inklusive der Wahrnehmung des eigenen Selbst.
Joseph Cornell entwickelte in seiner jahrzehntelangen Tätigkeit mit Menschen und der Natur eine Methode, die er »Flow Learning« nannte und die es uns Menschen erlaubt, relativ schnell in die Natur um uns herum einzutauchen.

Stille Begeisterung und ein Fließen von Interesse sind Voraussetzung für echte Naturerfahrung. Wir konzentrieren die Aufmerksamkeit auf einen Punkt und beginnen zu beobachten. Die innere Ruhe und Offenheit, die durch das Beobachten entstanden sind, ermöglichen es uns, direkte, unmittelbare Erfahrungen zu machen und mit der Natur zu verschmelzen.
Still und gleichzeitig wach zu sein, darum geht es: »Wenn du

stillhältst, fängst du an, die atemlose Einheit mit dem Leben um dich herum zu spüren, beinahe, als ob du mit dem Schauplatz verschmilzt und das Leben durch die Vögel, das Gras und die wogenden Äste der Bäume erfährst. In dieser Stille kannst du manchmal eine große, explodierende Freude spüren oder ein tiefes, ruhiges Glück, ein überwältigendes Gefühl von der Schönheit oder der Kraft der Schöpfung. Die Natur ist immer begeisternd, und es ist nur unser unruhiger Geist, der uns daran hindert, dies öfter freudig und bewusst zu erleben.« (Joseph Cornell, *Mit Freude die Natur erleben*, S. 19)

Der Weg der Naturerfahrung verbindet sich mit dem der Meditation. Eine ruhige, gelassene Grundhaltung erlaubt uns die Erfahrung des »Einswerdens« mit der Natur. Wir spüren die Liebe, die hinter allem steht. Zeit wird gegenstandslos. Wir fließen.

Als Kind konnte ich schwere Zeiten durchstehen, indem ich mich einfach der Natur hingab. Ich erinnere mich, wie ich als etwa Achtjährige auf einem Feld liege; die Sonne wärmt mich, und ich sehe Gesichter und Bilder in den Wolken, die nur für mich vorbeifliegen.

Oder ich stehe auf der Leiter im alten Kirschbaum: ein weiter Blick – und den Mund voll mit Kirschen. Noch heute genieße ich es, Kirschen oder wilde Brombeeren zu pflücken und daraus Marmelade zu kochen. Gefühle von Zufriedenheit und Wärme steigen in mir auf, ich empfinde Glück, diese Früchte einfach geschenkt zu bekommen, weil die Erde mich ernährt.

Und darüber hinaus geht es in der Natur nicht nur um den

Zweck – in diesem Fall um die Nahrung, die wir Menschen daraus machen, oder die Fortpflanzung, der die Früchte dienen. Es geht um pure Schönheit. Hinter jedem Zweck steckt ein weiteres Sein. Eine Schneeflocke sieht so vielschichtig und grazil aus – und genauso wunderbar ist das Aids-Virus gebaut, als wäre es aus geometrischen Eiskristallen geformt.

So wundersam es uns erscheint: Immer ist Schönheit da, wertfrei. Uns ihrem Empfinden hinzugeben, ist das Tor zum Universum und öffnet unser Herz.

Wenn wir intensiven Schmerz erfahren, liegt die Seele so blank, dass die Schönheit der Natur unser Leid transzendiert. Wir sind offen, wir sind aufmerksam, alles ist auf einen Punkt gerichtet und wir verschmelzen. Stundenlang auf einem Stein im Fluss liegen, den Wellen und Wirbeln des Wassers zuschauen, die Farbe der Steine wahrnehmen, die sich durch die Brechung des Lichts ständig verändert, in den Ohren das Gurgeln und Murren des Wassers, auf der Haut die Wärme der Sonne, die Füße von kühlem Wasser benetzt. Irgendwann stehst du auf – und etwas ist anders. Ich erfahre mich zeitlos, schwebend und gleichzeitig voller Demut.

Ich empfinde das meditative Sein in der Natur als Verbindung mit dem reinen Bewusstsein. Ich nenne das die bedingungslose Liebe. Die bedingungslose Liebe stellt die Ordnung aller Dinge her, und diese Ordnung bedeutet Heilung.

Eines Nachts saß ich mit einer Gruppe von Seekajakfahrern am Strand von Sardinien. Der Leiter der Gruppe erzählte am

Lagerfeuer von seinen Abenteuern. Sein letzter Satz war: »Wenn ich nachts auf dem Meer dahingleite, über mir die jahrtausendealten Richtungsweiser, die Sterne und der Mond, dann bin ich zu Hause.«

Tantrische Liebeskunst

> *»Ein Narr, der aus der Pfütze trinkt,*
> *wo in ihm selbst die Quell' entspringt.«*
> <small>VERFASSER UNBEKANNT</small>

Unser Körper trennt uns von anderen Menschen. Durch ihn erfahren wir eine klare und genaue räumliche Abgrenzung: Hier bin ich, und da bist du. Solange wir denken, dass wir unser Körper »sind«, werden wir es so erfahren – bis auf die kurzen Momente, in denen wir mit einem anderen Körper verschmelzen und nach denen wir uns sehnen.

Der männliche und der weibliche Körper sind füreinander gemacht. Der eine passt genau in den anderen. Und wir können uns mit sehr viel mehr Befriedigung verbinden, als dies während der Jagd nach dem sexuellen Orgasmus meistens stattfindet. Unser Körper ist ein feines und wohlgestimmtes Instrument, auf dem unser Geist spielen kann.

Die tantrische Liebeskunst, die sich ab dem 2. Jahrhundert n.Chr. aus dem Buddhismus ableitete, ist meist mit der Verehrung der Göttlichen Mutter, Shakti, verbunden. Shakti ist

Ausdruck der schöpferischen Kraft Gottes, mithin der Schöpfung selbst. Der Begriff »Tantra« leitet sich aus der Silbe *tan* ab, die im Sanskrit »ausdehnen« bedeutet. Demzufolge ist Tantra eine Möglichkeit, zur Vereinigung mit dem Göttlichen zu gelangen.

Die Göttliche Mutter selbst ist im menschlichen Körper als Kundalini-Energie vorhanden, die an der Basis der Wirbelsäule eingerollt liegt und, zum Leben erweckt, aufsteigt, um auf ihrem Weg die verschiedenen Chakras, die subtilen Energiezentren, zu öffnen.

Das Grundprinzip von tantrischem Lieben besteht darin, sich in die sexuelle Energie hinein zu entspannen, anstatt Druck auszuüben. Kein Ziel muss erreicht werden, keine Leistung soll erbracht werden. Liebe machen ist ein Zustand im Hier und Jetzt, und es geht darum, bewusst zu erleben, was sich gerade verwirklichen will. Es gibt kein »Entweder ich habe einen Orgasmus – oder ich bin nicht befriedigt«; es erklingt das Sowohl-als-auch. Das kann sich folgendermaßen darstellen: »Ich habe einen Orgasmus und ich bin befriedigt«, aber auch: »Ich habe keinen Orgasmus und ich bin befriedigt«, bis hin zu: »Ich habe einen Orgasmus und bin nicht wirklich befriedigt.«

»Tantra fordert kein Entweder-oder von dir, sondern es erfordert dich in deiner Totalität. Es will deine Bewegungen, deine Orgasmen, deine Stille, deinen inneren Fokus – alles zusammen plus Bewusstheit.« (Diane Richardson, *Zeit für Liebe,* S. 276)

Gemeinsam Liebe machen wird so zu Bewegung in Meditation, zu einer köstlichen Realität. Es ist wunderbar, dies über lange Zeit mit einem Partner zu entwickeln und zu erfahren. Und auch, wenn dein Partner und du sich wieder trennen, so speichert dein Körper diese Erfahrung des Dahinschmelzens, des Aufsteigens dieser süßen Energie von deiner Basis, dem Wurzelchakra, die deinen gesamten Körper erfüllt. Wahre Männlichkeit und wahre Weiblichkeit existieren.

Im Schweizer Magazin *Zeitpunkt* (Nr. 99, 2009) beschreibt Peter Christen seine Erfahrungen mit Selbst-Tantra: »Es gibt keinen einsameren Ort als ein Ehebett, in dem man sich die kalte Schulter zeigt ... Ich habe erfahren, dass der erste Schritt ein Schritt aus mir heraus, neben mich war. Mich selber anzuschauen in meinem Elend und ein liebevolles Verständnis für mich selbst zu entwickeln.«
Weiterhin beleuchtet Peter Christen seinen Weg, der ihn über das Tabu der Selbstbefleckung hinaus zu einem Wissen darüber geführt hat, sich selbst zärtlich zu lieben und »weise Hände« zu bekommen mit dem Ziel, diese Liebe und dieses Gewahrsein seiner Partnerin anzubieten (im Fall des Alleinseins dann eben seiner zukünftigen Partnerin). Wunderbar erzählt er, wie er – 60 Jahre alt – seinen alternden Körper als Zumutung empfand; schon mit 45 Jahren dachte er, dass jetzt alles in Bezug auf sein sexuelles Leben vorbei sei. »Verschwunden war der schöne, junge Mann, der ich einst gewesen war – ein Grund mehr zur Isolierung.« Da erlebt er die Überraschung: »Kennst du das Gefühl, dass du innen drin immer noch jung bist und es nur dein Körper ist, der altert? Dein Geist bleibt gleich, ist keiner Alterung ausgesetzt. Genauso gibt es in uns einen Idealkörper, der ewig ideal schön ist und bleibt. Mit ihm gilt es Kontakt aufzunehmen bei einer tantrischen Selbstmassage.«

Das braucht Zeit und Geduld sowie ein Gefühl von Zärtlichkeit gegenüber sich selbst; es erfordert die Lust, sich zu berühren und zu erkunden, und absichtslos zu sein.

Niemand kann so gut wie du selbst wissen, wie und wo du berührt werden willst. Niemand hat so viel Zeit für dich, wenn du sie dir nimmst. Du wirst zu zarten Wellen von Erregung geführt, die sich langsam über deinen Körper ausbreiten. Je mehr du entspannst, desto stärker wird deine Lust.

Du kannst aufhören, wann du willst. Wenn du heute keinen Orgasmus erlebt hast, dann ist das vollkommen in Ordnung. Du wirst den Tag mit einem anderen Körpergefühl verbringen, wirst deine Genitalien spüren, warm, präsent, weich. Du fühlst dich wahrlich als Mann oder als Frau.

Du bist der Erzeuger deiner Lust, du hast deinen Körper genossen und warst dabei bewusst in Verbindung mit dir. Diese Energie trägt dich durch den Tag und macht dich froh.

Wie süß, lustvoll und heilend sexuelles Erleben sein kann, habe ich das erste Mal durch Selbstbefriedigung erfahren – ohne Tantra wirklich zu kennen. Tantra zu üben, hat diese Erfahrung vertieft, und dafür bin ich sehr dankbar. In die Entspannung und völlige Präsenz zu gehen, ohne jegliche Erwartungen an mich selbst, führte mich in Sphären, die ich nie erahnt hätte.

Diana Richardson beschreibt, wie sich durch tantrisches Lieben das Erleben von Sexualität als eine göttliche Erfahrung vertieft: »Der Körper verwandelt sich in ein Instrument mit einer musikalischen inneren Flöte, die sich auf immer feinere Rhythmen reagierend aufwärts windet, sodass die Energie einen ekstatischen Flug unternimmt, um in die höheren Zentren einzudringen.« (*Zeit für Liebe*, S. 279)

Sinnlichkeit und Sexualität sind in ihrem Ursprung etwas Heiliges und Natürliches zugleich, von der Schöpfung dem Menschen geschenkt, um sein Leben erfüllt und mit Hingabe zu genießen.

Natürlich gibt es noch mehr Möglichkeiten, um mit sich eins zu werden. Ich berichtete schon, dass ich während der letzten Wochen zum Beispiel das Singen – oder besser gesagt: das Tönen – für mich entdeckt habe.

Meine Lehrerin gab mir folgende Anweisung: »Stellen Sie sich vor, dass um Sie herum eine unendliche Zahl von Tönen vorhanden ist. Und dadurch, dass Sie sie einatmen, erwecken Sie sie zum Leben, lassen Sie sie erklingen.« Wie wunderbar! Ich presse nicht den Ton aus mir heraus, sondern ich wähle aus der Vielfalt der Möglichkeiten den Ton, der durch mich zum Klingen gebracht wird. Ich atme ihn ein, biete meinen Körper als Resonanzraum an und dadurch wird er lebendig.

Dieses Bild können wir auf unser Leben insgesamt anwenden: Eine Vielfalt von Möglichkeiten schwingt im Raum und wir haben die Ehre, diese Möglichkeiten real werden zu lassen. Mit unserem Leben wählen wir jeweils die Möglichkeiten aus, die sich durch uns manifestieren.

Kehren wir noch einmal zurück zu den von mir vorgestellten Wegen zur Integration unserer beiden Gehirnhälften. Allen Wegen ist eines gemeinsam: Wenn wir sie gehen, treten wir in Verbindung mit dem Zustand der bedingungslosen Liebe.

Die richtige Ordnung tritt von selbst ein, indem die rechte und die linke Gehirnhälfte gemeinsam aktiv sind: Herzkohärenz entsteht; die Übereinstimmung von Kopf und Herz feiert sich; die Organe schwingen im Rhythmus mit, sozusagen innerlich jubilierend vor Freude, sich in harmonischer Beziehung zu ihrer Umgebung zu erleben. Wir dürfen unser Leben wach und präsent erleben, sind im Jetzt, im Augenblick.

All das gilt nicht nur für den Zustand körperlicher Gesundheit. Gerade wenn wir krank sind, ist es wichtig, dass wir wieder harmonisch zu schwingen beginnen. Vielleicht erreicht die Schwingung ja entfernte Winkel in jeder unserer Zellen.

Ich las gerade in unserer Tageszeitung von einer Australierin, die jetzt mit 83 Jahren gestorben ist. Seit ihrem 20. Lebensjahr hat sie 21 Stunden täglich in einer Röhre verbracht. Durch die Röhre wurde Unterdruck aufgebaut, damit ihre Lungenfunktion aufrechterhalten wurde und sie Sauerstoff einatmen konnte. Freunde berichten, dass sie nie unzufrieden war. Sie hat ihr Leben mit der Herausforderung gelebt, die es für sie bereithielt. Denn sie erfuhr sich nicht nur als ihr Körper – sie erfuhr sich als spirituelles Wesen.

Eins durch Liebe
statt entzweit durch Urteilen

Einer meiner Bekannten, ein Musiker, lädt vor seiner Haustür seinen Wagen aus. Fast seine gesamte Sammlung an wertvollen Musikinstrumenten befindet sich in dem Kombi, da er eine Musikveranstaltung mit vielen Menschen durchgeführt hat. Mit vollen Armen läuft er hinauf in seine Wohnung, legt seine Last ab. Sein Auto lässt er offen, wie immer. Doch als er wieder unten ankommt, ist es vollkommen leer.

Er ist im Schock. Er traut seinen Augen nicht. Er kann sich nicht vorstellen, dass die Musikinstrumente, an denen sein Herz hängt und mit denen viele Jahre seines Lebens als Musiker verwoben sind, sich einfach in Luft aufgelöst haben. Aber so ist es. Die Instrumente sind weg und tauchen nicht mehr auf.

Er erkundigt sich, ob jemand etwas gesehen hat. Er fragt in der Nachbarschaft. Er schaltet Anzeigen in der Tageszeitung. Ein befreundeter Redakteur schreibt einen Artikel. Nichts passiert. Es scheint, als wären die Instrumente wie vom Erdboden verschluckt. Er wird zornig und zunehmend verbittert. Er macht überall Aushänge, in Arbeitslosenzentren und an sozialen

Brennpunkten. Er beschreibt in den Aushängen, was ihm die Instrumente bedeuten. Nichts geschieht.

Schließlich nimmt er das Geschehene an. Er bittet um Vergebung für den Dieb. Er kommt zur Ruhe und findet im Vergeben Frieden.

Einige Wochen später klingelt es an seiner Tür. Er öffnet. Ein Mann und ein Jugendlicher stehen im Flur, in den Armen die Instrumente. Fassungslos bittet er die beiden in die Wohnung. Der Mann erklärt, das Auto sei offen gewesen und da habe er die Instrumente einfach mitgenommen. Jetzt wolle er sie mit seinem Sohn zurückbringen. Mein Bekannter bedankt sich und gibt ihnen zum Abschied eine Belohnung.

Ermöglicht wurde das, indem mein Bekannter den Schritt in eine andere Wirklichkeit tat: frei von Schuld und Anklage und auch frei von Selbstvorwurf und Selbstanklage. Er trat nicht nur aus der Dualität von Gut und Böse gegenüber dem Dieb heraus; er hörte auch auf, sich selbst schuldig zu fühlen: »Ich hätte das Auto abschließen sollen ... Ich hätte mich beeilen sollen ...«

Er hat irgendwann aufgehört, zu polarisieren und recht haben zu wollen. Stattdessen ist er in die Liebe gegangen. Er ging ins Einssein, auf die Ebene, wo alle Menschen gleich sind, wo Vergebung und Annahme herrschen. Ich habe es bereits erwähnt: Diese höchste Wirklichkeit wird auch beschrieben als die unendliche, bedingungslose Liebe. Stellen wir uns diese bedingungslose Liebe als eine Quelle vor, die den Ursprung unseres Seins bedeutet. Sich damit zu verbinden heißt, sich mit anderen Wesen in ihrer reinen Essenz zu treffen.

Indem sich mein Bekannter in einem Zustand von Annahme und Vergebung erlebte, traf er den Dieb seiner Instrumente dort, wo auch jener in seinem reinen Zustand anwesend war. Es gab keine Anklage und Verurteilung mehr, und somit auch keine Angst, Abwehr und Verteidigung. Die Möglichkeit zu einer Verabredung war eröffnet. Mein Bekannter und der Mann, der seine Instrumente gestohlen hatte, konnten sich auch in der realen Welt treffen – zum Wohl von beiden.

Überwindung der »zwiespältigen« Logik des Aristoteles

Im 4. Jahrhundert v. Chr., das heißt vor weit mehr als 2300 Jahren, begründete der griechische Philosoph Aristoteles die zweiwertige Logik. Sie besagt, dass eine Sache wahr oder falsch ist, dass etwas heiß oder kalt ist, sich bewegt oder nicht bewegt. Einstein erklärte dazu sinngemäß: Wenn sich A und B im gleichen Abstand befinden und sich mit der gleichen Geschwindigkeit in die gleiche Richtung bewegen, so bewegt sich A bezogen auf B nicht. Bezogen auf einen weiteren Punkt C, der feststeht, bewegt sich A.

Das ist jedem klar, der schon einmal im Zug gefahren ist. Die auf ihren Plätzen sitzenden Mitreisenden im Nachbarabteil und ich, wir bewegen uns, bezogen aufeinander, nicht. Bezogen auf einen Punkt C, der in der vorbeifliegenden Landschaft außerhalb des Zuges fest steht, bewegen wir uns allerdings.

Damit haben wir schon eine wichtige Erkenntnis der Quantenphysik verstanden: »Das Ergebnis einer Beobachtung hängt vom Betrachter ab.«

Obwohl der große Philosoph Georg Wilhelm Friedrich Hegel mit der Etablierung der Dialektik veranschaulichte, dass widersprüchliche Standpunkte zu einer neuen Einheit auf einer höheren Ebene führen, gründet unsere Weltsicht und basieren unsere tiefsten Überzeugungen auf den über 2000 Jahre alten polarisierenden Thesen des Aristoteles:

Wenn Krieg geführt wird: Wer nicht für uns ist, ist gegen uns! Wer die Terroristen nicht verurteilt, ist selbst ein Terrorist!
Im Kampf um Ressourcen: Entweder wir bekommen das Öl (das Wasser, das Land, die Rohstoffe) – oder wir müssen erfrieren (verdursten, verhungern, sterben). Lieber soll jemand anderes sterben.
In der Wirtschaft: Entweder wir bekommen die Steuerentlastung, oder wir müssen den Betrieb schließen. Lieber sollen andere arm werden.
In der Wissenschaft: Entweder sind wir Menschen und das Leben einfach Zufallsprodukte, oder die Schlange hat uns aus dem Paradies vertrieben, weil Eva die Frucht gepflückt und Adam hineingebissen hat.

Leben mit der »Entweder-oder«-Logik ist wie Tischtennisspielen. Der Ball wird hin- und hergeschlagen und jeder versucht, seinen Gegner auszutricksen. Schmerzvoll erfahren wir die Resultate dieses Denkens und Handelns täglich in unseren Beziehungen:

Entweder du liebst mich – oder du liebst mich nicht. Dann verlasse ich dich.

Entweder du gehst jetzt mit mir ins Kino – oder ich verderbe dir den Abend.

Entweder mein Zahnarzt hat recht und kann mir alles über meine Zähne erzählen – oder ich bin selbst ein Zahnexperte und kann ihm fachlich etwas entgegensetzen.

Entweder ich bin ein Gewinner – oder ein armer Trottel, ein Verlierer.

Genug der Beispiele. Wir kennen sie alle. Wenn wir den ganzen Tag gegeneinander Tischtennis spielen, sind wir am Abend erschöpft – paradoxerweise auch oft, wenn wir gewonnen haben. Echte Befriedigung entsteht so nicht. Das Gewinnen ist wie ein Rauschzustand, der sich schnell verflüchtigt. Das können wir übertragen auf Kaufwahn, Konsum, Esssucht, den Hype an den Finanzmärkten, der zum Zusammenbruch geführt hat. Ich muss immer wieder gewinnen, kaufen, essen. Wir benehmen uns, als wären wir ein »*human doing*«. Dabei heißt es im Englischen *human being;* der Schwerpunkt des englischen Wortes für »Mensch« liegt also auf dem *Sein,* nicht auf dem Tun.

Für den Rausch geben wir etwas auf: die Möglichkeit, näher an der Wirklichkeit zu sein, und damit die Chance, echte Beziehung zu erleben – Beziehung zur Umwelt und zu uns.

Übersetzt auf unsere Gehirnaktivitäten heißt das, dass wir ständig unsere linke Gehirnhälfte aktivieren, reden, tun, vergleichen, analysieren. Wohltuend wäre die Einbeziehung der rechten Gehirnhälfte in das Erleben unseres *Seins.* Das Resultat einer solchen Entwicklung können folgende Überzeugungen sein:

Es gibt für alle Menschen auf der Welt genug zu essen.

Wir pflegen unseren Planeten Erde und erhalten uns dadurch ein angenehmes Leben.

Die Technologie, die wir entwickelt haben, ist einsatzbereit, und wenn wir sie anwenden, werden wir uns nicht nur vor großen Katastrophen bewahren, sondern die Menschheit wird Möglichkeiten entdecken, die wir uns im Augenblick nur erträumen.

Unsere Kinder sind unsere Zukunft.

Schönheit ist immer da, in jedem Augenblick.

Und auf privatem Gebiet:

Mir geht es gut mit mir – und deshalb geht es mir gut mit meinen Nächsten.

Wenn ich gewinne, freue ich mich; wenn ich verliere, kann ich etwas lernen, und das macht das Leben spannend.

Mein Zahnarzt und meine Selbstheilungskräfte arbeiten vertrauensvoll zusammen.

Männer und Frauen ergänzen sich wunderbar.

Es ist sinnvoll, noch tiefer zu blicken, denn auch im Hinblick auf mich selbst greift das Entweder-oder:

Bin ich entweder geduldig und einfühlsam gegenüber meinen Kindern – oder fühle ich mich schuldig, eine schlechte Mutter zu sein, sobald mir das nicht gelingt?

Habe ich genug Zeit für mich – oder mache ich mich selbst runter, weil ich zwei Wochen keine Lust hatte, zu joggen und zu trainieren?

Bin ich ein zuverlässiger, guter Ehemann – oder verdiene ich es nicht, geliebt zu werden und mit meiner Frau zusammen zu sein, weil ich entlassen wurde?

Bin ich entweder eine kluge, liebende Mutter – oder eine Versagerin, weil mein Kind eine schlechte Note nach Hause gebracht hat, obwohl ich mit ihm gelernt habe?

Ich empfehle, folgende Überzeugungen zu leben:
Ich liebe mich und meine Kinder.
Ich liebe meinen Körper – auf dem Sofa und beim Joggen.
Ich bin gehalten und verbunden.
Ich bin es wert, geliebt zu werden.
Mein Kind ist ein eigener Mensch und darüber bin ich froh.

In unserem Alltag führt das ständige Gegenüberstellen von nur zwei Möglichkeiten zu unendlichen Verletzungen unserer wahren Natur. Und leider hat sich das aristotelische Denken über die Jahrtausende so tief in uns festgesetzt, dass unsere innersten Überzeugungen davon betroffen sind. Und wie es schon im tibetanischen Totenbuch heißt:
»Deine Überzeugungen bestimmen dein Schicksal.«

Im Inneren eines jeden von uns liegt der Kern für wahre Macht. Wir können die großen Ereignisse beeinflussen, die sich auf der Weltbühne abspielen. Die Chaos-Forschung wies nach, dass winzige Veränderungen in einer Versuchsanordnung gravierende Unterschiede im Ergebnis hervorrufen. Bekannt wurden diese Untersuchungen durch den plakativen Satz: »Der Flügelschlag eines Schmetterlings in China kann Wochen später das Wetter in den USA bestimmen.«

Genauso können wir aktiv werden: Drei Sekunden dauert es, um eine andere Entscheidung zu treffen: statt aufzubrausen, ein Wort der Entschuldigung auszusprechen; statt den Schmetterball zurückzuspielen, ihn in die Hand zu nehmen und dem anderen eine Blume zu überreichen. Ein mitfühlendes Wort, ein Nicken, ein Dank, den ich jemandem für eine freundliche Geste ausspreche – und mein Leben wird besser und das des anderen auch. Damit können wir Großes bewirken.

Es ist wichtig, dass wir jetzt zum Handeln kommen. Die Zeit, immer alles auf andere zu schieben, die sich bewegen sollen, ist vorbei. Auch hat sich erwiesen, dass der Kampf »gegen etwas« (den Krieg, die Atomkraft, die Unterdrückung der Frau, Hartz-IV) kontraproduktiv ist: Wir verschwenden unsere Energie, indem wir den ungeliebten Dingen Aufmerksamkeit widmen. Lasst uns jetzt erschaffen, wie wir leben wollen: liebevoll, verbunden und mit der Möglichkeit, zu wachsen und uns zu entwickeln. Es geht nicht um das viel beschworene Jahr 2012. Es geht um das Jetzt!

Verbunden sein statt polarisieren

Die dualistische Grundstruktur unseres Denkens spiegelt sich in unserer Sprache wider. Wir machen Unterschiede, und der nächste Schritt ist das Urteil. Nach Russell Targ und J.J. Hurtak (*Gelassenheit in bewegten Zeiten*, S. 37) leitet sich das Wort *divinus* (lat. »göttlich«) vom Sanskritwort *diva* her, das ein Name für Gott ist. Das Wort *diabolus* (lat. »Teufel«) leitet sich aus dem Sanskrit *dvaidha* ab, das »Teilung« bedeutet.

Das, was uns entzweit und trennt, und zwar von unserer eigenen Vollkommenheit, voneinander und von der Natur, entspricht also sprachlich dem »Bösen«. Dabei hat das Böse keine unabhängige Existenz. Ausdruck des Bösen ist der Mangel an Gutem, ist das Fehlen von Liebe und Mitgefühl, von Hilfsbereitschaft und Verständnis. Streng gesehen gibt es nicht Kälte und Wärme, Licht und Finsternis. Tatsächlich gibt es nur Wärme und die Abwesenheit von Wärme, Licht und die Abwesenheit von Licht. Finsternis kann – darauf machen ebenfalls Targ und Hurtak aufmerksam – nicht die Quelle für etwas sein; sie drückt nur die Abwesenheit von Licht aus.

Wie kann es dazu kommen, dass ein 18-jähriger Schüler, dem es materiell an nichts fehlt, Amok läuft? War er an sich »böse« oder fehlte ihm etwas? Vielleicht mangelte es ihm an Kontakt mit anderen Menschen, an Verbundenheit mit seinen Mitschülern, an Austausch von Freundlichkeit und Nähe. Fast immer werden Menschen, die die Welt plötzlich durch ihre Taten erschüttern, als höflich, aber zurückgezogen, als unauffällig, aber kontaktscheu beschrieben. Das bedeutet nicht, dass sie ihr Leben lang ihre Bosheit verstecken. In ihren Taten drückt sich meist der Mangel an Liebe und Verbundenheit mit ihren Mitmenschen und damit auch mit sich selbst aus.

Da wir in Wirklichkeit alle verbunden und EINS sind, verletzen wir uns mit lieblosen Taten, Gedanken oder Worten ständig selbst. Jeder abwertende Gedanke schlägt auf den Magen oder verdunkelt das Herz, egal ob wir uns meinen oder unseren Nachbarn. Wie Bruce Lipton sinngemäß sagt: »Wir trinken

Gift und hoffen, dass der andere stirbt.« (Bruce Lipton, *Intelligente Zellen*)

Ausgehend von der Grundannahme, dass alle Menschen in ihrer Essenz gleich sind, dass kein Mensch mehr wert ist als ein anderer, dass unsere Seelen nach unserem leiblichen Tod die gleiche Heimat finden, könnten wir uns freuen über die Facetten unserer Verschiedenartigkeit. Die Welt ist so schön und bunt durch die vielen verschiedenen Lichter! Jeder Mensch, jedes Tier bringt seine unverwechselbare Farbe ins Spiel, seinen Klang, seinen Duft. Das Gesamtbild unserer Erde könnte harmonisch und reich sein.

Wir erinnern uns an den Buchtitel von Richard David Precht: *Wer bin ich – und wenn ja, wie viele?* Der Titel zeigt wunderbar die Vielfalt, die einen Menschen ausmacht und über die wir uns freuen dürfen. Fortwährend gibt es neue Entdeckungen, nicht nur in unserer Umwelt, sondern auch in uns selbst: Gestern hatten wir zum Beispiel keine Lust, schwimmen zu gehen, dafür aber heute. Es gibt also eine »Schwimmen-Liebhaberin« und eine »Schwimmen-Nichtliebhaberin«. Und beides sind wir! Manchmal essen wir gerne Kuchen, manchmal überhaupt nicht. Trotzdem sind wir eins. Wir kommen meistens sehr gut mit all diesen verschiedenen Ichs aus. Wunderbar ist es, wenn wir sie als die vielfältigen Facetten von uns zu schätzen wissen und ihnen den würdigen Platz in unseren inneren Räumen reservieren. So nehme ich mich in meiner Gesamtheit wahr und kann mich über die vielfältigen Möglichkeiten freuen, die ich mir in meinem Leben biete und an denen ich zum Teil auch meine Mitmenschen teilhaben lasse.

Jesus sagt im Thomas-Evangelium: »Wenn ihr die zwei zu einem macht und wenn ihr das Innere wie das Äußere macht und das Äußere wie das Innere und das Obere wie das Untere, und wenn ihr das Männliche und das Weibliche zu einem Einzigen macht, ... dann werdet ihr in das Königreich eingehen.« *(Logion 22)*

Darum geht es.

Diese Bewusstwerdung übersteigt weit die Verstandesebene. Sri Nisargadatta Maharaj erläutert dazu: »Lassen Sie Ihren Verstand in Ruhe, das ist alles. Hören Sie auf, ihm zuzustimmen, schließlich gibt es so etwas wie einen Verstand nicht, nur Gedanken, die kommen und gehen ... Die Gedanken beherrschen Sie nur, weil Sie an ihnen interessiert sind. Es ist genauso, wie Christus sagte: *Wehre dich nicht gegen das Übel.* Indem Sie sich gegen das Übel wehren, stärken Sie es nur.«

Das Gleiche sagte Dogen (1200–1253): Die Blume verblüht, wenn wir sie ungern hergeben. Das Unkraut schießt, wenn wir es mit Widerwillen wachsen sehen.

Liebhaben statt recht haben

Das bedeutet: Es geht nicht um Gerechtigkeit! Das Leben ist nicht immer gerecht. Im Adjektiv »gerecht« steckt »recht«. Es geht nicht ums Rechthaben – es geht ums Liebhaben.

Am deutlichsten wird das für mich durch meine Erfahrungen als Mutter. Es ist schwer, wenn sich ein Paar trennt, das Kinder hat. Meistens bleibt nach der Trennung die Erziehung der

Kinder an der Frau hängen. Ich will nicht sagen, dass dies keine Freude wäre! Ich bin heute unglaublich dankbar, dass ich die Kindheit und Jugend meiner Kinder hautnah miterleben durfte. Es macht mich froh, dass ich ihnen dienen konnte, selbstständige, glückliche Menschen zu werden.

Und trotzdem, es gab harte Zeiten. Es war hart, zu arbeiten, Geld zu verdienen und den Bedürfnissen der Kinder gerecht zu werden. Es war manchmal zermürbend, in keiner Weise Zeit für eigene Bedürfnisse zu haben. Es war eine echte Herausforderung, zu sehen, dass der Expartner eine neue Freundin hat, während ich das Gefühl hatte, gar keinen Raum für eine neue Beziehung zu haben.

Und dann gehen die Kinder an »seinem« Wochenende zum Vater und finden es dort so schön: Sie bekommen Geschenke und dürfen vielleicht fernsehen im Überfluss. Wie ungerecht! Was aus meiner Sicht für mein Kind richtig ist, wird so nicht vom Expartner gelebt. Daraus resultiert in vielen Familien ein ständiger Streit; das Kind wird hin- und hergerissen und von jedem der beiden Elternteile zu vereinnahmen versucht.

In einer ähnlichen Situation musste ich an eine Geschichte von König Salomon denken:

Zwei Frauen behaupteten, dass ein und derselbe Säugling jeweils das eigene Kind sei. Sie stritten, und die Sache wurde schließlich vor Salomon gebracht, der als Richter darüber entscheiden sollte. Der König urteilte folgendermaßen: »Lasst den Säugling in zwei Hälften teilen und gebt jeder Frau eine Hälfte von ihm.« Daraufhin verzichtete eine der Frauen auf ihren Anspruch – und damit war klar, wer die »richtige« Mutter war.

An der Geschichte ist nicht nur der Ausgang interessant, sondern auch die Lehre, die sie uns anbietet: Die Mutter, die ihr Kind liebt, verzichtet aus Liebe auf die Gerechtigkeit. Es geht ihr darum, dass ihr Kind lebt, nicht darum, dass sie recht bekommt.

Für mich stellt sich damit die Frage: Was ist im höchsten Interesse des Kindes? Die Antwort ist: Natürlich, dass es seine Mutter und seinen Vater lieben kann! Und selbstverständlich sind das zwei völlig unterschiedliche Menschen. Mein Kind soll sich nicht teilen und ständig darüber entscheiden oder urteilen müssen, bei wem es sich wohler fühlt. Natürlich geht es dem Kind gut, wenn Vater und Mutter freundschaftlich und wertschätzend miteinander umgehen.

Wie oft dachte ich: *Das ist jetzt nicht gerecht,* und wusste gleichzeitig, dass es das Beste für mein Kind ist. Also ließ ich den Vater mit dem Kind ziehen und sagte mir: *Es kann nicht um Fleischwurst oder Biokost gehen, es geht um ein Sowohl-als-auch.*

Und je besser es mir gelang, den Vater als Vater zu würdigen und die Liebe zu meinem Kind auch dann zu leben, wenn es bei seinem Vater war, desto leichter wurde mein Leben. Desto leichter wurde auch der Umgang mit dem Vater und desto fröhlicher und selbstbewusster wurde mein Kind.

Heute weiß ich, dass die Liebe zu meinem Kind und seinem Vater auch die Liebe zu mir selbst ausgedrückt hat.

Lieben bedeutet, aus dem dualistischen Prinzip des Entweder-oder auszusteigen. In *Ein Kurs in Wundern* wird gesagt: »Gott ist nicht der Autor der Angst. Du bist es.« (Textbuch 4.I.9.)

Als ich diese Botschaft vor Jahren zum ersten Mal las, erschien es mir zwar verständlich, dass nur ich allen Dingen die Bedeutung verleihe, die sie schließlich für mich haben. Ich konnte mir allerdings nicht vorstellen, wie ich es schaffen sollte, Dinge beliebig umzudeuten, also eine andere Position als Beobachter einzunehmen.

Heute weiß ich: Ich aktiviere das Potenzial meiner rechten Gehirnhälfte, ich nutze sie gemeinsam mit meiner linken. Damit kann ich mich auf neue Weise verhalten. Ich kann in die Liebe und in Verbindung gehen und dadurch werden Weite und Friede greifbar.

Für ein Kind ist es wunderbar, wenn es eine vertrauensvolle und sichere Beziehung zu seinem Vater haben kann, die nicht die Beziehung zu seiner Mutter infrage stellt. Von seinem Vater lernt ein Kind anderes als von seiner Mutter. Und für ein Kind ist es natürlich auch ganz wichtig, in der Liebe der Mutter fraglos geborgen und angenommen zu sein. Und wie schön ist es für ein Kind, zu sehen, dass sich seine Eltern wertschätzen, auch wenn sie sich als Partner getrennt haben.

All das gilt natürlich auch für Eltern, die gemeinsam mit ihren Kindern leben.

Es gibt also außer dem »Entweder Ja – oder Nein« eine dritte Möglichkeit, nämlich das Sowohl-als-auch. Und es gibt noch eine vierte: das Weder-noch.

Hurtak und Targ nennen die vier Möglichkeiten den »rationalen Wahnsinn«. Sie beziehen sich auf den Lehrsatz aus dem TAO des Lao-Tse: »Tue nichts und lasse nichts ungetan.«

Nichts zu tun ist manchmal die beste Wahl. Denn dieser scheinbar paradoxe Ansatz führt in die Freiheit der bedingungslosen Liebe. Er bedeutet, das anzunehmen, was gerade ist.

»Die vierwertige Logik lehrt uns, dass der Tiger, der die Gazelle reißt, weder gut noch böse, sondern bloß ein Tiger ist. Das Ereignis ist frei von Bedeutung, es braucht erst einen Beobachter.« (*Gelassenheit in bewegten Zeiten*, S. 76)

Und hier schließt sich der Kreis: Vom Standpunkt des Beobachters hängt die Bewertung ab. Und wenn ich der Beobachter oder die Betroffene bin, dann habe ich von heute an die Wahl: Ich kann entscheiden, ob ich die Dominanz meiner linken Gehirnhälfte gelten lassen will oder ob ich ihr meine rechte Gehirnhälfte zur Seite stelle, sodass sie gemeinsam spielen. Ich kann beurteilen und analysieren, und ich kann anschließend aus der Liebe heraus handeln. Indem ich die Wahl habe, habe ich auch Verantwortung für mein Handeln und letztendlich für alles, das mir im Leben begegnet.

»Aus der Liebe handeln« kann auch bedeuten, gerade nichts zu *tun*. Oder, um noch weiter zu gehen, es kann heißen: »Ich sehe nur das Gute, ich höre nur das Gute und ich sage nur das Gute.«

Die Geschichte von König Salomons Richtspruch zeigt, dass er durch das Sowohl-als-auch (jede Frau erhält eine Hälfte des Säuglings) zum Weder-noch (ein halber Säugling ist ein toter Säugling) gelangt. Damit wurde die Auseinandersetzung auf eine andere Ebene gehoben. Das Prinzip des »Rechthabens« wurde transzendiert in »Liebhaben«: Die echte Mutter verzichtete aus Liebe auf ihr Kind. Damit wurde die Wahrheit offensichtlich.

Die vierte Möglichkeit, das Weder-noch, spielt eine große Rolle, wenn es um das Thema »Schuld« geht. Hängt man bei Schuldzuweisungen in der »Entweder-oder«-Falle, dann ist es gut, das Sowohl-als-auch zu betrachten und dann zum Weder-noch weiterzugehen. Das befreit!

Wer ist beispielsweise schuld am Ende einer Beziehung: er oder ich? Vielleicht gibt es Anteile bei uns beiden? Am glücklichsten werden alle Beteiligten, wenn sie beim Thema »Schuld« die vierte Möglichkeit wählen: das Weder-noch. Denn vielleicht haben beide ihr Bestes gegeben, angesichts der Fähigkeiten und der Ressourcen, die ihnen zu dem Zeitpunkt zur Verfügung standen. Ich bin der festen Überzeugung, dass kein Mensch einen anderen wirklich verletzen will! Verletzung wird oft aus der Verzweiflung geboren und ist wie ein Befreiungsschlag, um zu überleben.

Die Erkenntnis, dass derjenige, der gerade kränkt, genauso verletzt ist, bringt in diesen Augenblicken Heilung. Wenn wir durch diesen Engpass der Verletzung hindurch ins Feld der bedingungslosen Liebe und in die Balance gehen können, dann ist Heilung durch Mitgefühl und Wertschätzung nicht mehr weit.

Auch das Beispiel meines Bekannten, dessen Musikinstrumente gestohlen wurden, zeigt: Er durchlief die Phase des Entweder-oder (nur einer ist schuld; der andere ist ein Dieb, während mir Unrecht getan wurde) zum Sowohl-als-auch (wir sind beide schuld; wie konnte der andere nur stehlen und wie konnte ich nur so dumm sein, mein Auto offen zu lassen und damit diese Möglichkeit anzubieten?) und weiter zum Weder-noch. Er ging in die Phase der Liebe und Annahme des Geschehenen, bis hin zu der liebevollen Akzeptanz des Menschen, der die Instrumente mitgenommen hatte.

Ein Freund erzählte mir, dass er seiner langjährigen Freundin einen Heiratsantrag gemacht hat. Wortwörtlich sagte er: »Als wir vom Rechthaben zum Liebhaben übergingen, konnte ich sie bitten, meine Frau zu werden.«

Auch in Liebesbeziehungen gibt es Zeiten, in denen man sich vielleicht mit mehr als einem Menschen im Herzen nah verbunden fühlt. Auch dann ist es wichtig, anzunehmen, dass es mehr Möglichkeiten als das Entweder-oder gibt. Es ist Lebens- und Liebeskunst, mit einer solchen Situation umzugehen. Manchmal kann es für eine Zeit das Beste sein, das Weder-noch zu leben, nichts zu tun, einfach geschehen zu lassen. Das Leben wird uns das Geschenk machen, in dieser Situation zu wachsen.

Ich glaube, dass wir in einer Zeit leben, in der es darum geht, Wege zu beschreiten, die noch niemand vorher gegangen ist. Wir werden vielleicht manchmal keinen anderen Wegweiser haben als das klare Gefühl der Verbundenheit mit unserem Herzen. Wir können die Liebe in unserem Herzen spüren, wenn wir das Tor zu Friedem in unserem Gehirn öffnen und den Fluss der Liebe durch es ein- und ausströmen lassen.

So erfahren wir die Schönheit des Lebens in jedem Augenblick, auch in Zeiten des Schmerzes. Und das Licht in uns leuchtet heller, und es entzündet andere Lichter. Das ist das Versprechen.

Kooperation ist unsere Zukunft

Wer liebt, lebt gesünder

Jeder von uns kann sich sehr gut vorstellen, dass ein Mensch, der liebt und Harmonie ausstrahlt, weniger einsam ist. Ich stelle die These auf: »Liebhaben verlängert das Leben.« Was bedeutet die Vereinigung unserer beiden Gehirnhälften im Hinblick auf unser gesellschaftliches Leben? Sie hat zur Konsequenz, den Austausch und die Gemeinsamkeit zu pflegen, sich gegenseitig zu unterstützen, miteinander Freude zu erleben, gemeinsam zu lachen, Fehler zuzugeben und zu verzeihen. Verbindung statt Trennung. Sie bedeutet, berührt zu werden und zu berühren, seelisch und körperlich.

Vor Kurzem hörte ich bei meiner Friseurin folgende Geschichte: Eine Portugiesin erzählte, dass sie von ihren deutschen Nachbarn misstrauisch und abschätzig beobachtet wurde, als sie vor ungefähr 15 Jahren nach Deutschland kam. So wurde sie zum Beispiel öfter gefragt, ob sie schon einmal eine Waschmaschine gesehen habe. Statt sich beleidigt zurückzuziehen oder aggressiv zu reagieren, fand sie eine gewitzte Lösung: »Auf die Frage nach meiner Herkunft habe ich mir angewöhnt zu sagen: *Ich bin Europäerin, und Sie?*«

In die Verbindung zu gehen, statt zu trennen, hat definitiv gesundheitliche Vorteile. Der Hirnforscher James Coan lockte 16 verheiratete Frauen nebst Partner ins Labor. Für 200 Dollar wurden den Frauen 30 Minuten lang leichte Stromstöße in den Fußknöchel gegeben. Währenddessen wurde die Gehirnaktivität im Kernspintomografen gemessen. Bei jedem Stromstoß leuchtete die Gehirnregion auf, die Gefahr signalisierte. Und jedes Mal, wenn der Forscher den Partner bat, seiner Frau während des Experimentes die Hand zu halten, sank die Hirnaktivität und die Frauen empfanden weniger Schmerz.
Den aktuellen Kenntnisstand der Medizin fasst Coan so zusammen: Bei Menschen in einer engen Beziehung heilen Wunden schneller, sie werden seltener krank, sind weniger anfällig für Depressionen und Ängste und leben länger. (*Die ZEIT,* 17/2009, »Gemeinschaft als Therapie«)

Seit 1988 ist wissenschaftlich bestätigt, dass das Fehlen sozialer Beziehungen mit einem höheren Krankheitsrisiko wegen Zigarettenkonsum, höherem Blutdruck, Übergewicht und Bewegungsmangel korreliert.

Wann immer sich zwei Menschen begegnen, treten Gehirn und Herz in Kontakt. Es tritt nicht nur eine Kohärenz zwischen Herz- und Hirnfrequenzen auf, auch biochemische Reaktionen sind die Folge. Fühlen wir uns verbunden, schüttet unsere Hirnanhangdrüse (Hypophyse) die Bindungshormone Oxyto-

cin und Vasopressin aus, auch der »Glücksbotenstoff« Dopamin
wird verstärkt produziert.

Diese Hormone spielen eine Rolle in unserem Körper, wenn
es darum geht, unter Stress den Blutdruck stabil, die Entzün-
dungswerte niedrig und die Immunfunktion intakt zu halten.
Gute Beziehungen sind deshalb langfristig unbedingt gesund-
heitsfördernd. Das gilt nicht nur für die partnerschaftliche
Beziehung von Mann und Frau. Eine niederländische Studie
hat nachgewiesen, dass Männer, die sehr enge Freundschaften
pflegen, dreimal so häufig bei guter Gesundheit sind wie ihre
isolierten Geschlechtsgenossen.

Auf der japanischen Insel Okinawa leben weltweit gesehen die
meisten 100-jährigen Menschen. Sie ernähren sich fischreich
und kalorienarm. Und sie unternehmen viel zusammen: Es gibt
Seniorenkochkurse, gemeinsames Fischen und geselliges Tanz-
vergnügen. Die Senioren auf Okinawa haben etwas, auf das sie
sich freuen, wenn sie morgens aufstehen.

Einsamkeit zwingt unser Immunsystem in die Knie. Menschen,
die in ein soziales Netzwerk eingebunden sind, haben aktivere
Immunzellen. Auch die Botenstoffe der Immunabwehr, die
Informationen vermitteln, sind in höherem Maß vorhanden.

Der Vorteil von Verbundenheit scheint offenbar nicht nur in
Beziehungen zu anderen Menschen auf. Auch der regelmäßige
Besuch von religiösen Veranstaltungen hat eine erhöhte Aus-
schüttung von Zytokinen, den Botenstoffen der Immunabwehr,
zur Folge. Außerdem liegt die Sterblichkeitsrate von Kirchgän-

gern *unter* derjenigen einer Vergleichsgruppe – bei einer Beobachtung über 12 Jahre hinweg.

All diese Ergebnisse legen nahe, dass wir beim Nutzen unserer beiden Gehirnhälften mehrere Ziele unter einen Hut bekommen: Wir sind entspannter, haben Zugriff auf mehr Gehirnpotenzial und leben gesünder. Eine Balance, die sich wahrlich lohnt!

Glück, das aus Frieden erwächst

Glücksmomente ... Zufriedenheit ... Frieden ...
Der Tautropfen im Gras, der in allen Farben schimmert und der mich an den Augenblick erinnert, in dem mein Liebster mir die glitzernden Tautropfen im Licht der aufgehenden Sonne schenkte.
Der Atem meines schlafenden Kindes neben mir, sanft, fließend, lebendig.
Der kurze Blick in die Augen eines Fremden, der gegenseitiges Verstehen und »Umeinander-Wissen« schenkt.
Die Bergspitze, die vor mir im Nebel auftaucht, und das Schimmern des Schnees in der Luft.
Zu geben und zu empfangen im gleichen Augenblick.
Die Stille in mir.

All dies ist leicht zu lieben. Es geht nur darum, bereit zu sein. Es zu sehen. Das Geschenk anzunehmen und sich daran zu erfreuen.

Es gibt auch ein Gefühl des Friedens, das aus Umständen erwächst, die auf den ersten Augenblick leidvoll erscheinen. Die Schauspielerin Barbara Rudnik starb im Mai 2009 an Krebs. In einem Interview kurz vor ihrem Tod sagte sie: »Als meine Krankheit diagnostiziert wurde, befand ich mich wochenlang in einer Art Schockstarre, und dennoch hatte ich nie zuvor in meinem Leben einen so klaren Kopf. Ich konnte auf einmal kristallklar denken. Es war, als wären alle Verschmutzungen im Gehirn, alle Verstopfungen komplett weggeblasen.« (*Zeitmagazin*, 25/2009)

Mir selbst ging es in Ansätzen ähnlich, als ich bemerkte, dass die Lebenszeit meiner Mutter zu Ende ging. Alles, was früher zwischen mir und ihr stand, löste sich auf. Unter Eis, Kälte, Wut und Angst kam zum Vorschein: die Liebe. Ich erkannte an, dass sie meine Mutter war. Sie nahm mich als Tochter an, so wie ich bin. Ich spürte ihre Liebe, und sie spürte die meine. Das Jahr vor ihrem Tod war die glücklichste Zeit, die ich mit ihr teilte.

Eine Freundin erzählte mir: »Durch die Magersucht meiner Tochter habe ich eines gelernt: Demut. Ich kann loslassen, ich kann zugeben, Angst zu haben, ich bin wieder im Fluss. Ich weiß, dass ich das Leben nicht kontrollieren kann.«

In ihrem Buch *Lässig scheitern* berichtet Ute Lauterbach, dass 80 Prozent der von ihr Befragten ihr Scheitern im Nachhinein als das größte Glück einstuften – weil es ihnen einen Neuanfang bescherte. Sie plädiert dafür, sich mit dieser Sichtweise anzufreunden und dieses »Im-Nachhinein« vorzuverlegen. Also spricht auch sie sich dafür aus, loszulassen, durch die Engstelle zu treiben und die Weite zu erfahren.

Der Dalai Lama sagt zum Thema »Glück«: »Mitfühlende Menschen sind die egoistischsten Menschen dieser Welt, weil sie sicher sein können, dass sie mit dieser Haltung glücklich werden.« (Pyar Troll-Rauch, *wir: Wege zur Verbundenheit*)

Zeng Zi, ein Schüler des Konfuzius, formulierte folgenden Satz: »Die Lehre des Meisters (Konfuzius) ist Treue und Rücksicht gegen dich selbst und gegen andere, nichts sonst.« Das ist nicht weit entfernt von der Aussage Jesu Christi: »Liebe deinen Nächsten wie dich selbst.«

Wieder geht es um Vergebung und damit ums Loslassen, um Mitgefühl, Balance und Verbindung. Im Buddhismus ist dazu folgende Geschichte überliefert:

Ein junger und ein alter Mönch kamen gemeinsam an einen Fluss. Dort trafen sie auf eine junge Frau, die nicht wusste, wie sie ans andere Ufer gelangen sollte. Der alte Mönch bot ihr an, sie auf dem Rücken hinüberzutragen.
Der junge Mönch war entsetzt, traute sich aber erst nach vielen Meilen zu fragen: »Meister, wir leben im Zölibat, wie könnt Ihr da einfach eine junge Frau anfassen und sie auf dem Rücken über den Fluss tragen?«
Der alte Mönch entgegnete: »Schleppst du dieses Mädchen immer noch mit dir herum? Ich habe sie vor zehn Meilen am anderen Flussufer abgesetzt.«

Konfuzius betont, wie wichtig es ist, sich sowohl für andere Menschen einzusetzen, als auch, loslassen zu können.

Ein chinesisches Sprichwort lautet: »Wer eine Rose verschenkt, in dessen Hand bleibt ihr Duft zurück.« (Yu Dan, *Konfuzius im Herzen*)

Momente des Glücks, der Zufriedenheit, der Ausgeglichenheit und des Friedens können wir nicht horten, nicht speichern, genauso wenig wie den Atem. Aber wir können uns selbst befähigen, in immer mehr Momenten Glück und Herzensfrieden zu empfinden.

Erfolg und Liebe

Anzunehmen, was ist, macht auch in beruflicher Hinsicht glücklich. Der Schauspieler Sebastian Koch zitierte kürzlich einen Satz aus seiner Rolle als Seewolf: »Dein Leben hat nur den Wert, den du selbst ihm gibst.« Und auf die Frage nach seiner Traumrolle ergänzte er: »Die Traumrolle gibt es für mich nicht – ich mache eine draus.«

Jeder von uns definiert im Lauf seines Lebens den Begriff »Erfolg«: »Was heißt das für mich persönlich?«, fragen wir uns. Bedeutet es, ein bestimmtes (hohes) Einkommen zu verdienen, oder wollen wir eine harmonische Familie haben – oder beides? Zuweilen erfahren wir Rückschläge und sind gezwungen, unsere Vorstellungen neu zu bestimmen. Wir leiden, wenn es uns schwerfällt, alte Vorstellungen loszulassen und das Neue zu lieben. Oft geht es darum, von äußeren Maßstäben Abschied zu nehmen und einen inneren Maßstab für den eigenen Erfolg zu entwickeln.

Wie wäre es, wenn wir uns nach dem alten chinesischen Meister Konfuzius richteten und zunächst zu verstehen lernten, was unser Herz wirklich begehrt?! Erst dann haben wir die Kraft, Großes auf dieser Welt zu bewirken. Konfuzius ermutigt uns, der Stimme unseres Herzens zu lauschen und so zu Ruhe und Klarheit zu gelangen. Er unterstützt uns darin, unseren eigenen Träumen zu vertrauen. (Yu Dan, *Konfuzius im Herzen*)

Weiterhin geht es im Leben darum, »sich nicht beeindrucken zu lassen, auch wenn alle Welt zustimmt. Sich nicht aufhalten zu lassen, auch wenn alle Welt ablehnt« (Zhuangzi; aus: *Konfuzius im Herzen*, S. 210). Das ist dann möglich, wenn wir mit dem Universum verbunden sind und im Herzen diese Verbindung spüren. Wenn ich höre, was mein Herz sagt, kann ich unabhängig vom Außen entscheiden und vorangehen. Ich kann zum Beispiel unpopuläre Entscheidungen treffen, zu denen ich stehe. »Authentisch sein« nennt man das heute. Eine Führungskraft, die authentisch ist, hat es leicht, ihre Mitarbeiter auf einen gemeinsamen Weg mitzunehmen und für eine große Vision zu begeistern.

Der Stimme des eigenen Herzens zu folgen, bedeutet allerdings auch, dass »die Ohren der Wahrheit aufgetan« sind, das heißt, man ist in der Lage, sich in andere hineinzuversetzen und die Dinge von einem anderen Standpunkt aus zu betrachten. Das Herz weitet sich und lässt Verständnis und Empathie zu.

Der Mensch, der Zugang zur Qualität seines Herzens hat, schafft es, voranzugehen und auf Werten basierende Visionen für sich und seine Mitmenschen zu entwickeln. Der äußere Erfolg ist dann der Spiegel der inneren Welt; Liebe und Leidenschaft äußern sich im tätigen Wirken.

Hinsichtlich der unternehmerischen Ebene kann die Frage »Was begehrt mein Herz wirklich?« folgendermaßen gestellt werden: »Was ist unser (des Unternehmens) wahrer Wille?« Nach Matthias zur Bonsen kann dieses Anliegen in vier gleichwertige Fragen aufgeteilt werden:

- Welchen einmaligen Nutzen wollen wir mit Leidenschaft welchen Kunden stiften?
- In welcher Weise wollen wir mit Leidenschaft der Menschheit dienen?
- Für welche Werte empfinden wir wirklich Leidenschaft?
- Welchem großen Ziel gilt zurzeit unsere Leidenschaft?

Der Autor beschreibt in seinem Buch *Leading with Life* zahlreiche Beispiele von Unternehmern, die sich diesen Fragen gestellt haben: Der Schweizer Unternehmer Gottlieb Duttweiler (1888–1962) war einer davon. 1925 gründete er die »Migros«, das heute größte Einzelhandelsunternehmen der Schweiz. Ihm war wichtig:

- Lebensmittel zu verbilligen,
- Kleinbauern zu unterstützen,
- frische und hygienische Lebensmittel auf den Markt zu bringen.

Sein Fokus lag darauf, zu einer gesundheitsbewussten Ernährung der Schweizer Bevölkerung beizutragen.

Er unterstützte Kleinbauern durch Abnahmegarantien und ließ im Inland produzieren. Freiwillig führte er einen Datumsstempel für verderbliche Ware ein und verzichtete auf den Verkauf von Alkohol. Weiterhin engagierte er sich in der Erwachsenenbildung, gründete unter anderem die Migros-Klubschulen und den Schweizer Buchklub. 1941 verwandelte er die Migros in eine Genossenschaft und schenkte sie damit seinen Kunden.

Heutzutage gibt es immer mehr Unternehmen, in denen die Frage nach dem »wahren Willen« gestellt wird. Beispielsweise hat IBM für sich als Wert formuliert: »Innovation that matters – for the company and for the world« (»Innovation, die bedeutsam ist – für die Firma und für die Welt«). Der derzeitige CEO (Chief Executive Officer bzw. Vorstandsvorsitzender) von IBM sagt, dass genau dies ihm helfe, hervorragende Wissenschaftler und Ingenieure anzuziehen. (Matthias zur Bonsen, *Leading with Life*)

Menschen finden zu ihrer Erfüllung, wenn sie ihre eigene Farbe in das Spiel der Farben einbringen können. Alle Farben zusammen mischen sich zu Weiß – damit entsteht eine neue und höhere Ebene.

Sich zusammenzutun, sich zu verbinden – das äußert sich in Kooperation. Die Wochenzeitung *Die ZEIT* (Nr. 1, Dezember 2009) schreibt in ihrem Rückblick auf das erste Jahrzehnt des dritten Jahrtausends: »Preisen wir deshalb das alte Jahrzehnt, das uns zubrüllt: ›Kooperation ist unsere Zukunft‹ ... Vielleicht werden wir erst 2020 verstehen, welche globale Revolution in den ›Nullern‹ angelaufen ist.«

Eine Freundin arbeitet als Beraterin großer Firmen im Bereich »Innovation«. Sie berichtet von erfolgreichen Projekten, in denen sich die Firmen einer Region vernetzen, ihr Wissen austauschen und so voneinander profitieren. Auch die Bereitschaft, gemeinsam neue Produkte zu entwickeln, wächst nach ihren Aussagen deutlich.

Richard Barret beschreibt in seinem Buch *Liberating the Corporate Soul* sieben Bewusstseinsstufen, auf denen sich Unternehmen befinden können. Stufe 1 heißt: »Überleben um jeden Preis«; Stufe 7 lautet: »Dem Leben dienen.« Unternehmen der Stufe 7 werden von dem Bewusstsein getragen, dass alles Leben miteinander verbunden ist und voneinander abhängt; dass es darum geht, die Erde als Ganzes erblühen zu lassen. »Werte auf dieser Ebene sind Mitgefühl, Weisheit, Ehrfurcht vor dem Leben, Verbundenheit und Demut.« (Matthias zur Bonsen, *Leading with Life*)

Damit sind wir wieder bei den Werten angekommen, die wir leben dürfen, wenn wir das Tor in unserem Gehirn öffnen und unser Herz sprechen lassen. Diese Werte können wir entwickeln und verbreiten – uns selbst und unserem schönen Planeten zuliebe.

Nachwort

»Änderungen akzeptieren oder ablehnen«, das ist eine Funktion für Textkorrekturen in Word. Als ich das Manuskript dieses Buches das erste Mal von meiner Lektorin zurückgeschickt bekam, empfand ich zuerst Widerstand. Dann begann ich, kleine Veränderungen zu akzeptieren – und dann ist ein Wunder geschehen: Aus Versehen drückte ich die Taste »Alle Änderungen annehmen« – und erschrak zuerst. Aber dann sah ich, dass der Text wunderbar war. Ich erkannte, dass mir ein Geschenk in den Schoß gefallen war, indem ich diese Taste gedrückt hatte. Es fiel mir leicht, aus der Warte meiner Lektorin den Text noch einmal zu überarbeiten und somit die nächsten wichtigen Schritte für das Erscheinen dieses Buches zu tun.
Die Änderungen annehmen – das fällt uns leichter, wenn wir uns und unser Leben von Grund auf lieben und wenn unser Gehirn und Herz wunderbar verbunden sind.

Ein Beispiel für die tatkräftige Liebe und für eine Lebenseinstellung in Balance ist Dr. Boris Zernikov. Er leitet als Chefarzt ein Stiftungsinstitut für Kinderschmerztherapie in der Nähe von Dortmund. Etwa ein Drittel der Kinder und Jugendlichen, die hinkommen, werden dort sterben.
Wie geht man mit so viel Leid um? Die Einstellung zum Tod sei eine Einstellung zum Leben, sagt Boris Zernikov (*Die ZEIT* 10/2009). Er habe keine Angst vor dem Tod, versichert er glaubhaft. Weiter bedeute für ihn die ständige Konfrontation mit extremen Gefühlen sowohl Anstrengung als auch Erfüllung.

»Und wie steht es mit dem Glauben an Gott bei so viel ungerechtem Leid?«, wird er gefragt.

»Natürlich zweifle ich!«, sagt er. »Ich denke, ich habe viel zu diskutieren, wenn ich gestorben bin.« Und weiter: »Das Leben nach dem Tod wird die Antwort auf meine Fragen sein.«

Literatur / Quellennachweis

Die unbekannte Chance: Das Tor zum Universum
Jill Bolte Taylor, *Mit einem Schlag,* Knaur MensSana 2008
Doc Childre und Howard Martin, *Die HerzIntelligenz-Methode,* VAK 2000 [3. Aufl. 2010]
Darmstädter Echo, 13. Oktober 2009, »Forscher entdecken die erste vegetarische Spinne«
www.erfurt.unbesiegbarkeitsschule.de

Willkommen im integrierten Gehirn
Doc Childre und Howard Martin, *Die HerzIntelligenz-Methode,* VAK 2000 [3. Aufl. 2010]
Deepak Chopra, Vortrag »Quantenbewusstsein«; www.uroboros.ch/dateien/vortrag.pdf
Heinrich Heine, *Buch der Lieder,* dtv 1983
Adelheid Ohlig, *Die bewegte Frau – Luna-Yoga,* Nymphenburger 2004
Michael Stührenberg, »Messias 2009«, GEO 12/2009

Die Wissenschaft und Gott
Gregg Braden, *Im Einklang mit der göttlichen Matrix,* KOHA 2007
Darmstädter Echo, 21. August 2009
Bruce Lipton, *Intelligente Zellen,* KOHA 2006
Christoph Pfluger, »Das Ende des Genkults«, Zeitpunkt 105, Jan./Feb. 2010
www.fosar-bludorf.com/archiv/biochip.htm
GEO 6/2009, »Das Mädchen XY«

GEO 8/2009, Interview: »Was ist Wahrheit?«
www.news4press.com/Genfer-Forscher-stellen-Relativitaets-
theo_382797.html
www3.uni-bonn.de/Pressemitteilungen/158-2009
Die ZEIT 14/2009, »Der Bausatz des Lebens«

Das Schwerste und Einfachste zugleich: uns selbst lieben
Jill Bolte Taylor, *Mit einem Schlag,* Knaur MensSana 2008
Gregg Braden, *Verlorene Geheimnisse des Betens,* EchnAton
2008 [3. Aufl. 2009]
René Egli, *Das LOLA-Prinzip,* Editions d'Olt 1999
Khalil Gibran, *Der Prophet,* Patmos 2006
Anna Halprin, Film »Breath made visible«
Brunhild Hofmann, *PSYCH-K® im täglichen Leben,* KOHA
2008
Reinhard Körner, »Diagnose ›dunkle Nacht‹: Eine Lesehilfe
zu den Schriften des hl. Johannes vom Kreuz«; www.teresiani-
scher-karmel.de
Elisabeth Kübler-Ross und David Kessler, *Geborgen im Leben,*
Knaur 2003 [Neuaufl.: Kreuz-Verlag 2010]
Peter A. Levine u.a., *Trauma-Heilung – Das Erwachen des
Tigers,* Synthesis 1999
Candace Pert, *Moleküle der Gefühle,* rororo 2001
David Richo, *Fünf Dinge, die wir nicht verändern können, und
das Glück, das daraus entsteht,* Windpferd 2008
Eva-Maria Schnurr, »Sandra Schadek – Gefangen im eigenen
Körper«, Brigitte 17/2009
Gert Scobel, *Weisheit – Über das, was uns fehlt,* Dumont 2008

Ken Wilber, *Mut und Gnade – Die Geschichte einer großen Liebe,* Fischer 2009

Robert M. Williams, *PSYCH-K® – Die Macht der Überzeugungen und die Verbindung von Körper, Geist und Seele,* KOHA 2009

PSYCH-K Centre International; www.psych-k.com (siehe auch www.psych-k.de)

Wege vom Kopf ins Herz

Gregg Braden, *Verlorene Geheimnisse des Betens,* EchnAton 2008

Deepak Chopra, Vortrag »Quantenbewusstsein«; www.uroboros.ch/dateien/vortrag.pdf

Peter Christen, »Tantrische Liebesschule für den Mann«, Zeitpunkt 99, Jan./Feb. 2009

Joseph Cornell, *Mit Freude die Natur erleben,* Verlag an der Ruhr 1991

Frank Kinslow, *Quantenheilung,* VAK 2009 [11. Aufl. 2010]

Richard David Precht, *Wer bin ich – und wenn ja, wie viele?,* Goldmann 2007

Diana Richardson, *Zeit für Liebe,* Innenwelt Verlag 2004

PSYCH-K Centre International; www.psych-k.com (siehe auch www.psych-k.de)

Eins durch Liebe statt entzweit durch Urteilen

Bibel: *1. Könige 3,16–28*

Clinton Callahan, *Wahre Liebe im Alltag,* Genius Verlag 2007

Georg Wilhelm Friedrich Hegel, *Phänomenologie des Geistes*

J.J. Hurtak und Russell Targ, *Gelassenheit in bewegten Zeiten,* Arbor 2008

Ein Kurs in Wundern, Textbuch 4.I.9., Greuthof-Verlag
Bruce Lipton, *Intelligente Zellen,* KOHA 2007
Reinhard Nordsieck, *Das Thomas-Evangelium,* Neukirchener
Verlag 2006
Richard David Precht, *Wer bin ich – und wenn ja, wie viele?,*
Goldmann 2007
Sri Nisargadatta Maharaj, *Ich bin ... Gespräche mit einem
Erleuchteten,* Kamphausen 1989

Kooperation ist unsere Zukunft
Harro Albrecht, »Gemeinschaft als Therapie«, Die ZEIT
17/2009
Richard Barret, *Liberating the Corporate Soul,* Butterworth-
Heinemann 1998
Joseph Joffe, »Was ruhig bleiben kann«, Die ZEIT Nr. 1,
30.12.2009
Ute Lauterbach, *Lässig scheitern,* Kösel 2007
Louis Lewitan, Interview mit Barbara Rudnik, »Ich bin inner-
lich stabil«, Zeitmagazin 25/2009
Bruce Lipton, *Spontane Evolution,* KOHA 2009
Pyar Troll-Rauch, *wir: Wege zur Verbundenheit,* Kamphausen
2009
Yu Dan, *Konfuzius im Herzen,* Droemer/Knaur 2009
Matthias zur Bonsen, *Leading with Life,* Gabler 2009

Nachwort
Katrin Zeug, »Schreie aus Kajüte 5«, Die ZEIT 10/2009

Danke

Ich danke der Kraft, die uns alle umschließt und aus der wir kommen, dass ich dieses Buch schreiben durfte.

Anteil an seiner Entstehung und mich beim Schreiben unterstützt haben viele Menschen. Besonders danke ich den Teilnehmerinnen und Teilnehmern meiner PSYCH-K®-Workshops, die über einen längeren Zeitraum die Geburt dieses Buches miterlebt haben.

Konrad Halbig und Karin Schnellbach danke ich für ihre Bereitschaft zu angenehmer Kooperation und kritischer Unterstützung. Ohne Konrad, der an meine Fähigkeiten glaubte, wäre das Buch nicht entstanden.

Birgit-Inga Weber, meine Lektorin, hat ein Wunder für mich gewirkt. Ich danke ihr für die leichtgängige und respektvolle Zusammenarbeit.

Stefan Stutz hat mit leichter Feder die »Grüße an das Universum« zeichnerisch kommentiert – es ist mir eine Freude, zu sehen, was er aus meinen Vorgaben gemacht hat. Danke.

Und Adelheid Ohligs unkomplizerte Art, einander zu begegnen, erleichterte die rechtlichen Absprachen bezüglich der »Grüße« sehr.

Mein Dank gilt Rob Williams sowie Raes Carrol, die mich bei der Suche nach den Quellen der Zitate unterstützte.

Lilli Reck und Ruth Weimer haben mir Welten in Bezug auf mein Verständnis des menschlichen Körpers als Klang- und Resonanzraum eröffnet.

Klaus Meyersen hat mir genau im richtigen Augenblick eine inhaltlich bedeutsame Verbindung aufgezeigt.

Heike Dittrich öffnete mir in einem entscheidenden Augenblick ein Tor im Kopf.

Tanja Degner gab mir in grundlegenden Phasen hellsichtige Antworten.

Und Jutta Antoni und ich gestalteten die Beziehung zwischen mir und dem Buch harmonisch und kraftvoll. Alexandra Mersiovsky moderierte diese PSYCH-K-Beziehungsbalance. Wir hatten unsere Freude dabei – danke!

Meiner Familie danke ich dafür, dass sie für mich da ist und dass ich für sie da sein darf.

Über die Autorin

Brunhild Hofmann, Dipl. Biochemikerin, Germanistin, begleitet seit 20 Jahren Organisationen, Unternehmen und Einzelne als Beraterin und Coach.

Als sie im Jahr 2005 die Methode PSYCH-K® kennenlernte, vollzog sich ihr Wandel von rein naturwissenschaftlicher Ausrichtung hin zu spiritueller Führung.

Seit 2007 lehrt sie PSYCH-K und geht ihrer Leidenschaft zu schreiben nach. Ihr erstes Buch »PSYCH-K im täglichen Leben« bedeutete für viele Menschen den ersten Schritt zu einem Leben in Liebe und Freiheit. Ihre Botschaft ist einfach: Liebe dich – und du liebst alles, was dir begegnet.

www.energyfocus.de

www.brunhildhofmann.de

Brunhild Hofmann
PSYCH-K im täglichen Leben
Für eine entspannte Kommunikation zwischen
Bewusstsein und Unterbewusstsein
gebunden, 176 Seiten
€ 9,95
ISBN 978-3-86728-062-4

PSYCH-K, eine Methode für jedermann, lässt uns direkt mit Körper
und Seele Zwiesprache halten: Auf einfache Weise entdecken wir
limitierende Überzeugungen und verwandeln sie in uns stärkende
Glaubenssätze. Das Ergebnis ist die kraftvolle Ausrichtung unseres
Unterbewusstseins verbunden mit dem Aspekt unseres Höheren
Selbst auf unsere bewussten Ziele. Das Verschmelzen von Grundla-
gen der Kinesiologie und des Neuro-Linguistischen-Programmierens
(NLP) mit Energie- und Atemarbeit tragen zur hohen Effizienz der
Methode bei.
PSYCH-K ist eine Selbsthilfemethode, die beschleunigtes Wachstum
mit Leichtigkeit und Erfolg verbindet. Für BeraterInnen, Psycho-
logInnen, Coaches und Menschen aus heilenden Berufen ist Psych-K
eine optimale Ergänzung.

Luna-Yoga für Gesundheit und Lebenslust

»Bewegung ist der Gesang des Körpers. Und wenn wir uns die Mühe machen, dem Gesang zu folgen, entdecken wir die Schönheit, die ein Teil der Natur ist.«

Die Gründerin des Luna-Yoga, Adelheid Ohlig, stellt in diesem Buch je fünfzehn Übungen zu den vier Jahreszeiten vor. Mit ihnen können Frauen sich auf ihre vier Lebensalter einstimmen oder den Jahreszyklen gemäß ihre Gesundheit pflegen.

Die Bewegungen und Haltungen helfen, die Signale des Körpers besser verstehen zu lernen. Ob Menstruationskrämpfe oder Wechseljahrsbeschwerden, Verdauungsstörungen oder Stress: Mit Hilfe von Übungen und Entspannungen lassen sich neue Wege zur Gesundheitsförderung beschreiten.

Adelheid Ohlig
Die bewegte Frau
296 Seiten, ISBN 978-3-485-01207-2

nymphenburger   www.nymphenburger-verlag.de